Tanja Vuković

# Der Bosnienkrieg von 1992 bis 1995 in perspektivischen Kriegsgeschichten

Tanja Vuković

# Der Bosnienkrieg von 1992 bis 1995 in perspektivischen Kriegsgeschichten

Tectum Verlag

Tanja Vuković

Der Bosnienkrieg von 1992 bis 1995 in perspektivischen Kriegsgeschichten.



ISBN: 978-3-8288-3147-6

Umschlaggestaltung: Heike Amthor | Tectum Verlag
Satz und Layout: Heike Amthor | Tectum Verlag
Printed in Germany


Besuchen Sie uns im Internet
www.tectum-verlag.de

**Bibliografische Informationen der Deutschen Nationalbibliothek**
Die Deutsche Nationalbibliothek verzeichnet diese Publikation in der Deutschen Nationalbibliografie; detaillierte bibliografische Angaben sind im Internet über http://dnb.ddb.de abrufbar.

Für meine Familie,
die mich während der Arbeit an diesem Buch unterstützt hat.

## Inhalt

# 1 Einleitung

> „Das erste Opfer im Krieg ist die Wahrheit [...].Doch der Satz ist falsch oder zumindest ungenau: Die Wahrheit stirbt lange vor dem Krieg, sonst gelänge es gar nicht ihn zu entfesseln.“[1]

Mit diesem Zitat Jürgen Elsässers möchte ich den Einstieg in die Arbeit *Der Bosnienkrieg von 1991 bis 1995 in perspektivischen Kriegsgeschichten* beginnen, da es meiner Meinung nach den Problemkern der von mir hier bearbeiteten Thematik ***Bosnienkrieg*** genau trifft. Die Wahrheit ist ein Phänomen, das unter kriegerischen Umständen immer zu kurz kommen muss, da die angestrebten Ziele der betroffenen Parteien sonst nicht erreichbar wären. Das Vortäuschen falscher Tatsachen, um persönliche Vorteile zu erhalten oder seine Pläne durchzusetzten, gehörte und gehört zum Wesen eines Krieges, wie ich während meiner Recherche für diese Arbeit überraschenderweise habe feststellen müssen. Der Bosnienkrieg, ein Ereignis des 20. Jahrhunderts, dem viele tausende von Menschen zum Opfer fielen, stellt dabei keine Ausnahme dar, denn er spiegelt genau diese Merkmale wieder.

---

1 Elsässer, Jürgen: „Kriegslügen. Vom Kosovokonflikt zum Milošević-Prozess“, S. 14.

Bosnien-Herzegowina[2] ist ein kleines Land im Südosten Europas, das vor den 90er Jahren eher unauffällig war. Es gehörte zu der Föderation Jugoslawien, die neben dem genannten Land Bosnien-Herzegowina aus fünf weiteren Teilrepubliken bestand, ehe sie sich 1991 endgültig auflöste.[3]

> „Der charismatische Marshall Tito hatte die sechs Nationen, 24 Nationalitäten und drei große Religionsgemeinschaften noch mit kommunistischen Klammern zusammengezwungen, in der Verfassung des Staatenverbands den jeweiligen Republiken und Provinzen indes weitgehende autonome Rechte eingeräumt."[4]

Durch die Zusammensetzung der jugoslawischen Föderation war die Multikulturalität ein fester Bestandteil des täglichen Lebens. Dies betraf insbesondere das kleine Land Bosnien-Herzegowina, das in diesem Bund einen besonderen Stellenwert hatte, da es als einziges der sechs Länder offiziell eine *„Dreivölkerrepublik"*[5] war.

> „Bosnien Herzegowina – mit dutzenden Volksgruppen und Minderheiten, drei Religionen, zwei Alphabeten und fünf Sprachfamilien – nirgends findet sich eine solche ethnische und kulturelle Vielfalt."[6]

Die Menschen lebten friedlich zusammen, ganz gleich welcher Religion oder Ethnie sie angehörten. Das sollte sich je-

2 Landessprachlich: Bosna i Herzegovina.

3 Vgl.: Koljević, Nikola: „Stvaranje Republike Srpske Dnevnik II", S. 218.

4 Ihlau, Olaf/Mayr, Walter: „Mienenfeld Balkan", S. 23.

5 Ebd.

6 Ebd, S. 12.

doch Anfang der 90er Jahre blitzartig ändern, indem der Nationalismus überhandnahm und die drei großen Volksgruppen der Serben, Kroaten und Bosniaken[7] begannen persönliche Ziele gewaltsam durchzusetzten. Ab 1992 kam es schließlich zu einem brutalen und schmutzigen Kampf, der insgesamt fast vier Jahre andauern sollte; in dem hunderttausende Menschen ihr Leben ließen und Millionen ihr Heim verlassen mussten. Zu diesen gehöre auch ich mit meiner Familie. Menschen verloren ihre Angehörigen; Freunde und Nachbarn wurden plötzlich zu Feinden; und niemand konnte einen wirklichen Grund dafür nennen.

Dies sind Fakten des vor 19 Jahren begonnenen Bosnienkrieges, die sich in unsere Köpfe eingebrannt haben. Heute sehen wir mit gemischten Gefühlen auf die Zeit zurück, denn sie scheint sehr lange vergangen zu sein. Für manche Menschen ist es jedoch immer noch ein fester Bestandteil des täglichen Denkprozesses, da sie mit der Aufarbeitung dieses Zeitraums noch nicht ganz abgeschlossen haben. Ich gehöre zu dieser Gruppe von Menschen, da ich als fünfjähriges Mädchen mit meiner Familie durch diesen Konflikt aus meiner Heimat fliehen musste und die damit verbundenen Konsequenzen hautnah miterlebte. Die Bearbeitung dieses Themas stellt für mich daher nicht nur ein auf meinen Studiengang bezogenes Interesse dar.

Man hört und sieht vieles, was man u.U. nicht richtig zuordnen kann. Daher habe ich mir zum Ziel dieser Arbeit ge-

---

7 Der Begriff Bosniaken meint lediglich alle in Bosnien-Herzegowina lebenden Muslime. Er ist nicht als Pseudonym für alle Bewohner Bosniens zu verstehen, da diese als Bosnier bezeichnet werden. Auch muss man die anderen beiden Volksgruppen, bosnische Serben und Kroaten, in der Wahl der Bezeichnung von dem Überbegriff Bosnier unterscheiden, da sie für sich selbst die beiden genannten Bezeichnungen vorsehen.

nommen, ein möglichst objektives Bild des Bosnienkrieges herauszuarbeiten und die verschiedenen Meinungen und Sichtweisen der betroffenen Parteien gegenüberzustellen. Dazu sollen neben den drei genannten Kriegsparteien (bosnischen Serben, bosnischen Kroaten und Bosniaken) auch die Perspektiven vermeintlich objektiver westlicher Beobachter herangezogen werden, um eine möglichst unbefangene Sicht der Dinge zu erhalten. Hierfür ist es notwendig, alle Seiten und Argumentationen näher zu betrachten, um abschließend ein eigenes Fazit erstellen zu können.

Wichtig ist bei der Bearbeitung dieses so komplexen und sensiblen Themas unparteiisch vorzugehen, Somit möchte ich an dieser Stelle noch einmal ganz deutlich hervorheben: Diese Arbeit, *Der Bosnienkrieg von 1992 bis 1995 in perspektivischen Kriegsgeschichten*, soll keine Seite in Schutz nehmen oder zum Sündenbock machen wollen; ganz im Gegenteil, es soll versucht werden die unterschiedlichen Argumente und Blickwinkel zu konkreten Themen aus Sicht der betroffenen Parteien zu untersuchen, um mögliche Motive und Aktionen zu verstehen. Eventuell lassen sich derart einige Sachverhalte besser nachvollziehen und offene Fragen klären.

Um dieses Ziel zu erreichen, wurde mit ausgewählter Literatur gearbeitet, deren Sichtung sich teilweise als problematisch erwies. Durch die Komplexität des Themas war es äußerst schwierig emotional unbeeinflusste Literatur zu finden, die nicht eine bestimmte Gruppe als ‚böse' stigmatisiert. Viele der zu dieser Arbeit passenden Bücher wären persönliche Erlebnisberichte ehemaliger Opfer gewesen, die hier allerdings bewusst nicht als Hauptgegenstand der Untersuchung benutzt werden, da es, meiner Meinung nach, der Objektivität schaden würde. Dennoch zeigte sich im Nachhinein, dass ein Großteil der von mir gesichteten Literatur darauf ausgerichtet zu sein scheint, einen Schuldigen für die damaligen Geschehnisse zu finden, um möglicherweise bestimmte Handlungen zu legitimieren bzw. die eigene Volksgruppe zu rehabilitieren. Diesen Eindruck hatte ich während der Recherche.

Schwierig ist die Sichtung der Literatur mitunter auch gewesen, – obwohl das Ereignis *Bosnienkrieg*, zeitlich gesehen, noch nicht so lange vergangen ist – weil die Aufarbeitung, meiner Meinung nach, bis dato nur sehr schleppend vorangeht. Das mache ich daran fest, dass die meiste zur Verfügung stehende Literatur auf diesem Gebiet heute überwiegend von ehemaligen Politikern, Journalisten, von Militärpersonal oder eben Zeitzeugen stammt, die während der Kriegszeit selbst vor Ort waren. Die von ihnen gemachten Erfahrungen lassen sich später hauptsächlich in Dokumenten oder anderen Berichten wiederfinden, die wiederum in verschiedenen anderen Publikationen zusammengetragen und untersucht werden, wie sich während meiner Arbeit an diesem Thema zeigte. Die Folge daraus ist, dass es sich bei der Aufarbeitung der Thematik, aus meiner Sicht, daher momentan weniger um eine historische als eher um eine dokumentarische handelt, wie ich an dieser Stelle zusammengefasst erörtert habe. Dies muss bei der Betrachtung dieser Arbeit berücksichtigt werden.

Insgesamt wurde hier mit über 40 Publikationen gearbeitet, die sich aus Originaldokumenten und auch offiziellen Berichten, u. a. der UNO oder Amnesty International, zusammensetzen. Bei den Autorinnen und Herausgeberinnen der hier verwendeten Literatur handelt es sich meist um bekannte Politikerinnen wie Carla del Ponte, Nikola Koljević, Madeleine Albright oder auch Tadeusz Mazowiecki. Des Weiteren setzen sich die Publikationen mit Zeugenaussagen ehemaliger UN-Soldaten wie auch mit Aussagen von Personen, die mittlerweile als Kriegsverbrecher überführt oder angeklagt worden sind, auseinander. Dazu gehören Aussagen der drei betroffenen ehemaligen Präsidenten[8] Slobodan Milošević, Franjo Tuđman und Alija Izedbegović und auch ihrer Stellvertreter und Mitarbeiter, die berücksichtigt werden müssen, um mögliche Motive der Kriegsparteien herausarbeiten zu können, da nur diese einen Einblick in die Mentalität der Zeit ermöglichen. Diese werden in vielen Büchern aufgeführt und untersucht, teilweise aber nicht richtig hinterfragt. Zu erwähnen ist an dieser Stelle auch, dass viele der uns heute bekannten Informationen über die Zeit des Bosnienkrieges ausschließlich von Überlebenden und anderen Augenzeugen stammen, die während und nach dem Krieg berichteten. Ein gänzlicher Ausschluss dieser Informationen in dieser Arbeit ist daher nicht möglich. Dementsprechend vorsichtig musste ich bei der Wahrnehmung der Informationen sein. Abschließend soll hier noch einmal gesagt werden, dass sich diese Arbeit sowohl mit Literatur aus unserer westlichen wie auch aus einheimisch-bosnischer Perspektive zusammensetzt, da nur derart eine sachdienliche Untersuchung der einzelnen Perspektiven möglich ist. Um dieses Ziel zu erreichen und Argumentationsstränge der drei Kriegsparteien herauszuarbeiten, wurde in dieser Arbeit mit vielen Zitaten gearbeitet.

Damit der Inhalt nachvollzogen werden kann, ist an dieser Stelle die Klärung eines wichtigen Details nötig. Im Bosnienkrieg kämpften bosnische Serben, bosnische Kroaten und Bosniaken bzw. Bosnier gegeneinander. Zusätzlich waren aber auch Serben aus dem Nachbarland Serbien und Kroaten aus dem Nachbarland Kroatien ins Kriegsgeschehen invol-

8 Obwohl es während des Krieges eigentlich nur einen offiziell gewählten Präsidenten in Bosnien-Herzegowina gab, entwickelten sich zwischen 1991–1995 drei nationale Parteien mit eigenständigen Gebieten im Land, die in eigener Initiative einen eigenen Präsidenten aufstellten. Bei den bosnischen Serben und Kroaten nahmen zusätzlich die Präsidenten der Nachbarländer Serbien und Kroatien eine wichtige Rolle in der Politik ein.

viert. Wenn letztere in der Arbeit erwähnt werden, wird das mit der Bezeichnung ***serbische Serben*** oder ***kroatische Kroaten*** kenntlich gemacht. Ansonsten ist, wenn von Bosniaken oder Bosniern, Serben oder Kroaten gesprochen wird, immer nur die Rede von den Bevölkerungsgruppen Bosniens. Auch wird darauf verzichtet, immer den ganzen Namen Bosnien-Herzegowina zu nennen. Im Folgenden wird oft nur von Bosnien gesprochen.

Abschließend soll noch einmal kurz etwas zur Gliederung der Arbeit gesagt werden, die sich in zwei große Bereiche aufteilt, wobei der erste aus einer kurzen Chronologie besteht, in dem die wichtigsten Ereignisse von Beginn bis Ende des Krieges aufgezeigt werden. Die Bearbeitung des gesamten Themengebietes *Bosnienkrieg* ist für diese Arbeit nicht umsetzbar, weil es den vorgegeben Rahmen sprengen würde. Der zweite Teil dieser Ausarbeitung beschäftigt sich dann mit speziell ausgewählten Aspekten des Bosnienkrieges, die zuerst in ihrem groben Ablauf kurz dargestellt werden, um dann auf mögliche Unterschiede in der Wahrnehmung und Betrachtung hin untersucht zu werden.

Bei der Auswahl der Themen war es mir wichtig, bekannte und in den Medien am häufigsten auftauchende Ereignisse herauszufiltern und zu untersuchen, da diese am besten dokumentiert zu sein scheinen. Ob das wirklich den Tatsachen entspricht, soll im Hauptteil der Arbeit untersucht werden. Neben den bereits angesprochenen Politikern sollen auch deren Beziehungen zueinander, wie auch die Rollen deren Helfer und Stellvertreter untersucht werden. Gerade bei den beiden Präsidenten Slobodan Milošević und Franjo Tuđman scheint sich eine Art Interessengemeinschaft während der Jahre entwickelt zu haben. Dies wird als als erster Aspekt unter einem Gliederungspunkt näher untersucht.

Unter einem zweiten Gliederungspunkt stelle ich die damalige Vorgehensweise und Methodik während des Krieges dar, wozu auch die Rolle paramilitärischer Einheiten gehört. Selbstverständlich ist es im Rahmen dieser Arbeit nicht möglich sich mit allen Einheiten eingehender zu befassen, daher soll der Fokus auf einige ganz bestimmte gelegt werden. *Die Freiwillige Serbische Garde* um Željko Ražnjatović – Arkan wie auch die Gruppe um Naser Orić tauchten in der gesamten Literatur immer wieder auf, was auf die Wichtigkeit dieser Gruppierungen in diesem Zusammenhang hinweist. Daher erscheint es nur logisch, dass gerade auf ihre Vorgehensweisen am intensivsten eingegangen wird. Des Weiteren sollen auch typische Merkmale, speziell des Bosnienkrieges selbst, kurz skizziert werden, da sich während dieser Zeit bestimmte Muster herauskristallisiert zu haben scheinen, zu denen Plünderungen, Vergewaltigungen und auch ethnische Säuberungen zählen.

Unter einem dritten Punkt beschäftige ich mich in dieser Arbeit ausführlich mit dem Thema Srebrenica und den damaligen Geschehnissen. Hierzu sollen auch die Einstellungen der Menschen in Bezug auf die damals dort stationierten UN-Soldaten kurz ausgeführt werden, da diese überraschende Erkenntnisse zutage bringen. Ein verstärkter thematischer Gegenwartsbezug erfolgt durch die Auseinandersetzung mit der Rolle Ratko Mladićs, der international als Hauptschuldiger für die Ereignisse in Srebrenica gilt. Seine Festnahme Ende Mai dieses Jahres löste eine Flut an Reaktionen aus, die hier aufgegriffen und in exemplarischer Form zusammengefasst dargestellt werden. Dafür war eine Internetrecherche nötig, da die aktuelle Lage nur in dieser Form zu untersuchen ist.

Als letzter Aspekt des zweiten Teils sollen anschließend die Sichtweisen und Reaktionen der gesamten bosnischen Bevölkerung[9] kurz zusammenfassend wiedergegeben und erörtert werden und in wie weit sich diese voneinander unterscheiden. Hier soll versucht werden, die Einstellung der Menschen zum Krieg und dem Kriegsgeschehen zu erarbeiten.

9 Bezieht sich hier auf alle drei Bevölkerungsgruppen Bosnien-Herzegowinas und nicht auf eine bestimmte Gruppe bzw. Ethnie innerhalb des Landes.

# 2 Eine Chronik des Bosnienkrieges

## 2.1 Ende der 80er Jahre bis einschließlich 1990

Den Grundstein für den Bosnienkrieg von 1992 bis 1995 legte der Tod des damaligen Präsidenten der jugoslawischen Föderation Marshall Josip Broz Tito[10], der am 5. Mai 1980 verstarb. Ab diesem Zeitpunkt begann sich die Situation auf dem Balkan zu verändern.[11] Die ehemals offiziell guten und friedlichen Beziehungen der sechs einzelnen Teilrepubliken *Kroatien, Serbien, Bosnien-Herzegowina, Mazedonien, Slowenien* und *Montenegro,* die und deren Grenzen in Abbildung 1 zu sehen sind, brachen schnell auseinander.

10 Josip Broz Tito war von 1953 bis zu seinem Tod am 05.05.1980 das Staatsoberhaupt der Föderation Jugoslawien und Anhänger des Kommunismus. Im Zweiten Weltkrieg führte er die kommunistischen Partisanen im Kampf gegen die Besatzer an die Macht. Tito galt seit Ende der 1950er Jahre als einer der führenden Staatsmänner in Europa. Vgl.: http://www.dhm.de/lemo/html/biografien/TitoJosipBroz/index.html.

11 Vgl.: Vukšić, Dragan: „JNA i raspad SFR Jugoslavije", S. 54ff.

Abbildung 1: Landkarte der Grenzen Jugoslawiens

Als Folge drangen die jahrzehntelang unterdrückten Spannungen plötzlich an die Oberfläche. Die einzelnen Länder der Föderation strebten nun eigene politische Ziele an,[12] wie die bekannte Balkanexpertin Marie Janine Čalić zusammenfasst: Ihrer Meinung nach spielte die beginnende Demokratisierung Ende der 80er Jahre die ausschlaggebende Rolle für die späteren Balkankriege und schließlich auch für den Bosnienkrieg. Nach dem Tod des Präsidenten Tito begann sich in den einzelnen Teilrepubliken Jugoslawiens, wozu auch Bosnien-Herzegowina gehörte, eine Art Demokratisierung zu entwickeln. Weg von dem alten Föderationsgedanken und Ein-Parteien-System entwickelten sich innerhalb kürzester Zeit mehrere Lager, die stark national ausgerichtet waren. Durch die multikulturelle Zusammensetzung Bosnien-Herzegowinas waren es hauptsächlich die drei großen Parteien der Serben, Kroaten und Bosniaken, die sich als die Stärksten im Land sahen und die die Macht im Parlament überneh-

12 Vgl.: Naimark, Norman. M: „Flammender Hass", S. 183.

men wollten.[13] Einen wichtigen Schritt hierzu stellte die Einführung des Mehrparteiensystems Ende 1990 in Bosnien dar, welches allerdings ganz offiziell zur ethnischen Aufsplittung der drei Volksgruppen führte, da sich die Bevölkerung der Religion nach den Parteien anschloss.

Es waren nun drei große Parteien, die in Bosnien-Herzegowina die Macht unter sich aufteilten. Auf bosnisch-kroatischer Seite war es die Partei *Hrvatska Demokratska Zajednica (HDZ)*[14], auf bosnisch-muslimischer die *Stranka Demokratske Akcije (SDA)*[15] und auf bosnisch-serbischer die *Srpska Demokratska Partija (SDP)*[16], die ab dem Jahr 1990 ganz offiziell das bosnische Parlament regierten.[17]

Durch die Zusammensetzung des Landes, die der Grafik hier und der Tabelle auf der nächsten Seite zu entnehmen ist, zeigt sich der multikulturelle Aufbau des Landes. Dementsprechend sollte auch das Parlament Bosniens aussehen, als am 18. November und 2. Dezember 1990 die ers-

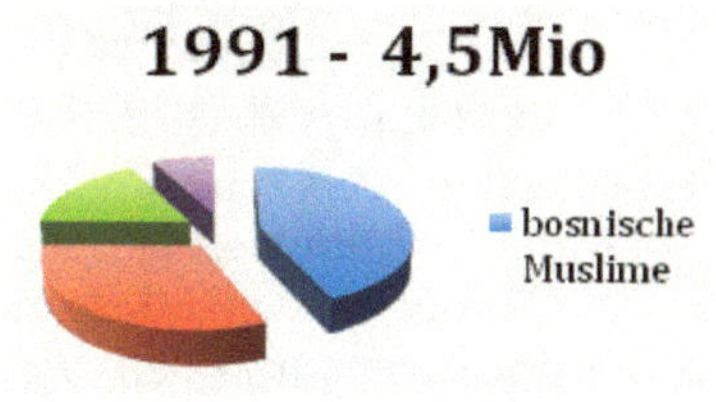

Abbildung 2: Bevölkerungsgrafik[18]

13 Vgl.: Koljević, Nikola: „Stvaranje Republike Srpske Dnevnik II", S. 35ff.

14 „Kroatisch Demokratische Vereinigung".

15 „Partei des Demokratischen Handelns".

16 „Serbisch Demokratische Partei".

17 Vgl.: Čalić, Janine Marie: „Krieg und Frieden in Bosnien Herzegowina", S. 70ff.

18 Ebd., S. 44.

ten freien Wahlen, seit mehreren Jahrzehnten, im Land abgehalten wurden.[19]

**Tabelle 3: Bevölkerungsverteilung in Bosnien-Herzegowina vor dem Krieg**

| Ethnische Gruppen | 1981 | in % | 1991 | in % | +/- in % |
|---|---|---|---|---|---|
| Muslime | 1.629.924 | 39,5 | 1.905.829 | 43,7 | 16,92 |
| Serben | 1.320.644 | 32,0 | 1.369.258 | 31,4 | 3,68 |
| Kroaten | 756.136 | 18,4 | 755.892 | 17,3 | -0,30 |
| Jugoslawen | 326.280 | 7,9 | 239.845 | 5,5 | -26,50 |
| Übrige/unbekannt | 89.024 | 2,2 | 93.474 | 2,1 | 4,77 |
| Insgesamt | 4.124.008 | 100,0 | 4.364.574 | 100,0 | 5,83 |

*Quelle: G. Seewann (1993)*

Abbildung 3: Tabelle Bevölkerungsgrafik[20]

Bei diesen gewann Alija Izedbegović[21] mit seiner Partei *SDA*. Sie erhielt insgesamt 86 von 240 Sitzen im Parlament; die serbische *SDS* erhielt 70 und die *HDZ* 45 Sitze. Da die höchsten Staatsämter nach dem Proportionssystem vergeben wurden, war es Alija Izedbegović, der schließlich zum Staatspräsidenten Bosnien-Herzegowinas ernannt wurde. Der Serbe Momčilo Krajišnik wurde neuer Parlamentspräsident und der Kroate Jure Pelivan wurde Ministerpräsident.[22] Diese Zu-

19 Vgl.: Koljević, Nikola: „Stvaranje Republike Srpske Dnevnik II", S. 36.

20 Čalić, Janine Marie: „Krieg und Frieden in Bosnien Herzegowina", S. 417.

21 Alija Izedbegović (*08.08.1925 in Bosanski Šamac, † 19.10.2003 in Sarajevo) war ein bosnischer Politiker. Von 1990 bis 1992 war er der gewählte Präsident der Republik Bosnien und Herzegowina und von 1992 bis 2000 führendes Mitglied des siebenköpfigen kollektiven Staatspräsidiums und Präsident der Föderation Bosnien-Herzegowina. Vgl.: Antholz, Birger: „Bosnienkrieg", S. 13.

22 Vgl.: Koljević, Nikola: „Stvaranje Republike Srpske Dnevnik II", S. 85.

sammensetzung sollte in dieser Form nicht lange bestehen bleiben, da die drei großen Parteien unterschiedliche politische Ziele für das Land verfolgten.

## 2.2 1991

Der Präsident Izedbegović strebte die Loslösung Bosniens aus der Föderation an, indem er die bestehenden Grenzen als multiethnischen Zentralstaat beibehalten wollte. Die serbischen und kroatischen Bosnier lehnten eine solche Politik vehement ab, da sie den Verbleib in der Föderation verfolgten – allerdings mit einer Kanonisierung des Landes in drei Bereiche, um bestimmte Gebiete später an die beiden Nachbarländer Serbien und Kroatien anschließen zu können und so zwei Großreiche zu schaffen. Dies wiederum lehnte die bosnisch-muslimische Seite ab. Es kam immer häufiger zu Unstimmigkeiten.[23] Diese Situation zog sich mehrere Wochen hin, bis die Nachbarländer Slowenien und Kroatien am 25. Juni 1991 schließlich offiziell als erste Länder des ehemaligen Jugoslawiens ihre Unabhängigkeit ausriefen, was zu großen Unruhen und Aufständen auf bosnisch-serbischer Seite in diesen Ländern führte. Die Folge waren zuerst der Slowenien- und danach der Kroatienkrieg, ehe es auch zu kriegerischen Auseinandersetzungen in Bosnien-Herzegowina kam.[24] Wegen der durchgesetzten Souveränität der beiden Nachbarrepubliken wollte im Dezember 1991 nun auch Alija Izedbegović die Unabhängigkeit für Bosnien öffentlich durchsetzen, was zu großem Streit innerhalb des Parlaments

23 Vgl.: Čalić, Janine Marie: „Krieg und Frieden in Bosnien Herzegowina", S. 86.

24 Vgl.: Koljević, Nikola: „Stvaranje Republike Srpske Dnevnik II", S. 225u.238.

und zum demonstrativen Austritt der serbischen Seite aus diesem führte. Sie weigerten sich, Bosnien als eigenständigen Staat zu akzeptieren und gründeten parallel ein eigenes, serbisch-bosnisches Gegenparlament in der Stadt Pale, welches ausschließlich die serbischen Interessen vertreten sollte.

## 2.3 1992

Einige Zeit später riefen die serbischen Vertreter am 9. Januar 1992 die *Republika Srpska*[25] aus, deren Präsident am 28. Februar 1992 Radovan Karađić[26] wurde.[27] Sie forderten nun öffentlich die Unterlassung der Unabhängigkeitsbemühungen, da diese sonst zu kriegerischen Handlungen führten. Hiervon zeigte sich die bosnisch-muslimische Seite jedoch unbeeindruckt, da sich die kroatische Seite zwischenzeitlich auf die

25 „Serbische Republik".

26 Radovan Karađić, (*09.06.1945 in Montenegro) ist ein promovierter Psychiater, und er war der erste Präsident der mittlerweile anerkannten Republika Srpska (Serbische Republik) in Bosnien und Herzegowina. Während des in den 90er Jahren stattfindenden Bosnienkrieges soll er, zumindest in den ersten Jahren, die Pläne Slobodan Miloševićs in Bosnien ausgeführt haben. Heute gilt Radovan Karađić bei den meisten bosnischen Serben als Volksheld, der ihnen die Schaffung der Republika Srpska, also eines serbischen Gebietes in Bosnien, ermöglicht hat. Auf Seiten der beiden anderen Parteien gilt er als Kriegsverbrecher, was dazu führte, dass er im Zusammenhang mit dem Bosnienkrieg seit 1996 international als dieser per Haftbefehl gesucht wurde. Am 21.07.2008 wurde er unter dem Pseudonym Dr. Dragan Dabić in Belgrad verhaftet. Momentan steht er vor dem internationalen Kriegsverbrechertribunal in Den Haag wegen Kriegsverbrechen vor Gericht. Vgl.: Lopušina, Marko: „Naj traźenija srpska glava", S. 26ff.

27 Vgl.: Koljević, Nikola: „Stvaranje Republike Srpske Dnevnik I", S. 16.

der Muslime geschlagen hatte und deren Ziele unterstützte.[28] Die kroatische Seite folgte nur einige Monate später, indem ihr damaliger Sprecher und späterer Präsident, Mate Boban[29], am 03.07.1992 das Gebiet *Herzeg-Bosna* zum autonomen Territorium ausrufen ließ – ein eigenständiges Kleinkroatien auf bosnischem Gebiet.[30]

Am 29. Februar und 1. März 1992fanden schließlich wieder Wahlen in Bosnien-Herzegowina statt. Diesmal ging es jedoch um die Frage nach der Unabhängigkeit des Landes. Bei dieser Wahl stimmten ganze 99,4% der Bevölkerung für eine Souveränität des Landes ab, wobei der serbische Teil der Bevölkerung nicht mitgezählt wurde, da er die Wahlteilnahme kollektiv boykottierte.[31] Die Ausrufung fand statt und Bosnien-Herzegowina wurde schließlich am 6. April 1992 von der Europäischen Gemeinschaft als drittes eigenständiges und unabhängiges Land der ehemaligen Föderation auf dem Balkan anerkannt. Sofort begannen die ersten kriegerischen Handlungen, die mit der Belagerung Sarajewos ihren Anfang fanden, die sich bis zum Schluss des Krieges halten sollte.[32]

---

28 Vgl.: Koljević, Nikola: „Stvaranje Republike Srpske Dnevnik I", S. 16ff.

29 Mate Boban (*1940 in Sovići, † Juli 1997 Mostar) war ein ehemaliger bosnisch-kroatischer Politiker und während des Bosnienkrieges ab 1992 der offizielle Präsident des international nicht anerkannten bosnisch-kroatischen Gebietes Herzeg-Bosna, das er inoffiziell mit Franjo Tuđman führte. Vgl.: Wikipedia (Buch) „Bosnienkrieg: Massaker von Srebrenica, Radovan Karađić, Operation Deny Flight, Vojska Republike Srpske, Dutchbat, Alija Izedbegović", S. 116.

30 Vgl.: Husić, Sead: „Psychopathologie der Macht", S. 149.

31 Vgl.: Antholz, Birger: „Bosnienkrieg", S.30ff.

32 Vgl.: Koljević, Nikola: „Stvaranje Republike Srpske Dnevnik II", S. 196.

Hier beginnen die Sichtweisen auseinanderzugehen. Auf bosnisch-muslimischer und bosnisch-kroatischer Seite heißt es, die Serben hätten in Sarajewo sofort nach dem 6. April 1992 Barrikaden auf den Straßen errichtet; die Stadt somit nach Volksgruppen aufgeteilt und den Krieg begonnen. Sie sollen parallel dazu mit Übergriffen auf die östlich gelegenen Orte Bijeljina, Kupreš und Bosanski Brod begonnen haben, um diese von den gegnerischen Bewohnern zu säubern und sie völlig in die Republik Serbien integrieren zu können. In diesen Tagen soll es auch zu den ersten gewalttätigen Übergriffen gegen die Zivilbevölkerung gekommen sein.[33] Die serbische Seite bestreitet die Einnahme der genannten Städte innerhalb der ersten Tage nicht, allerdings behaupten sie, diese seien legal durchgeführt worden und sie hätten einen Auslöser gehabt. Der Krieg wurde, ihrer Meinung nach, durch die Ermordung zweier serbischer Zivilisten in Sarajewo von den Muslimen begonnen. Man sagt, zwei junge Muslime hätten bei einer Hochzeitsprozession den Vater des Bräutigams und den anwesenden Priester auf der Straße ermordet, wofür sie in Sarajewo als Helden gefeiert worden seien. Dies habe die Serben dazu veranlasst, die Barrikaden aufzustellen, da sie sich bedroht gefühlt hätten. Belegt nunmehr ist, dass nach der Errichtung der Barrikaden erste paramilitärische Einheiten aus Serbien wie *die Tiger* ins Land marschierten, um ihren Glaubensbrüdern zu helfen und die Gebiete der Republik Serbien von den Gegnern zu räumen. Dabei sollen nicht nur sie sondern auch die Kroaten, die aus dem Mutterland Kroatien paramilitärische Einheiten wie die *HOS*[34] nach Bosnien schickten, um bestimmte Gebiete zu „kroatisieren" und die Bosniaken, die Mudschaheddinkämpfer aus dem Nahen

33 Vgl.: Antholz, Birger: „Bosnienkrieg", S. 36.

34 „Hrvatske Obrambene Snage" oder „Kroatische Verteidigungsunion".

Osten nach Bosnien kommen ließen, so vorgegangen sein.[35] Hierbei steht demnach Aussage gegen Aussage, da der wahre Auslöser des Krieges wahrscheinlich nie 100%ig bewiesen werden kann. Festzuhalten ist nichtsdestoweniger, dass durch den Einmarsch der Paramilitärs, die bestimmte strategisch gelegene Gebiete besetzten, um sie an die Armeen zu übergeben, die Verbrechen und der eigentlich Krieg im Land begannen. Wie diese Verbrechen konkret aussahen, soll in Kapitel 3.2. näher erläutert werden.

Nach sechs Wochen des Kampfes war die Kriegssituation eindeutig. Die bosnischen Serben hatten mit Hilfe ihrer serbischen Brüder aus dem Nachbarland Serbien insgesamt 60% des Landes für sich eingenommen. Dabei waren gerade die Gebiete im Nordosten, Osten und Südosten, aufgrund ihrer Nähe zu Serbien, unter ihrer Kontrolle, wie Noel Malcolm in seinem Buch *Povijest Bosne*[36] beschreibt. Aber auch weitere Gebiete Bosniens wurden zunehmend von den bosnischen Serben eingenommen, sodass lediglich ein kleines Gebiet in Zentralbosnien noch übrig blieb, wie in Abbildung 4[37] sehr gut zu erkennen ist.[38]

35 Vgl.: Noel, Malcolm: „Povijest Bosne", S. 344ff.

36 „Geschichte Bosniens".

37 Vgl.: Čalić, Janine Marie: „Krieg und Frieden in Bosnien Herzegowina", S. 203.

38 Vgl.: Noel, Malcolm: „Povijest Bosne", S. 315.

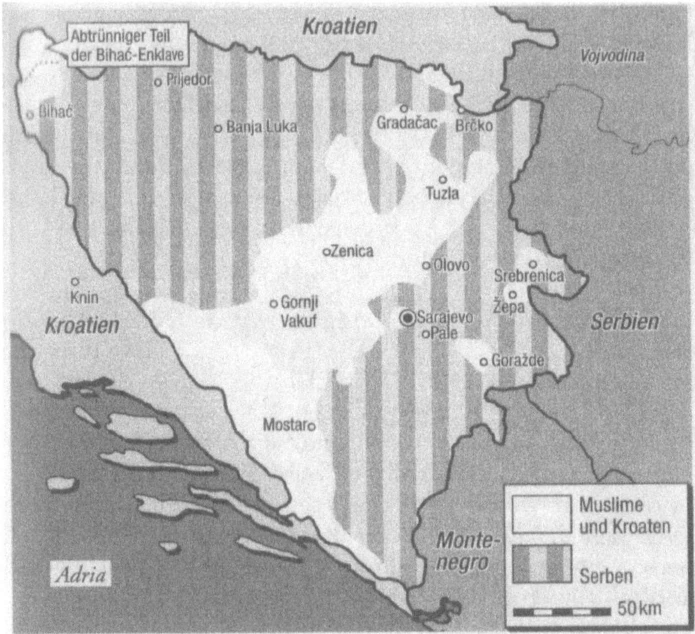


Abbildung 4: Kriegssituation 1992

Die *reguläre jugoslawische Volksarmee (JNA)*[39] schlug sich dabei größtenteils auf deren Seite, was dazu führte, dass diese den Hauptmilitärbestand Bosniens übernahm und im Krieg für sich einsetzte, wie die bosnisch-muslimische Seite und kroatische Seite immer wieder anklagen.[40] Nachdem die Städte eingenommen worden waren, übergab man sie an die Armee, die die weitere Koordinierung übernahm. Dies sei das typische Vorgehen gewesen.[41]

39 „Jugoslovenska Narodna Armija".

40 Vgl.: Antholz, Birger: „Bosnienkrieg", S. 35.

41 Vgl.: Malcolm, Noel: „Povijest Bosne", S.315ff.

> „Koristeći se prednostima iznenađenja i absolutne superiornosti , JNA i njeni paravojni pomoćnici zauzeli su u prvi pet-šest tjedana područje koje je obuhvaćalo više od 60 posto ukupnog teritorija Bosne i Herzegovine."[42]

Diese Phase dauerte bis 1993, wobei die muslimische Bevölkerung bis dato die meisten Opferzahlen zu verbuchen hatte. Lediglich einige Gebiete um Srebrenica und Žepa im Osten des Landes konnte sie in dieser Phase unter ihre Kontrolle bringen.[43] Durch die Ereignisse im Land schalteten sich internationale Vermittler der Länder ein und forderten die Politiker zu einem Waffenstillstand auf, welcher schließlich am 12. April 1992 unterschrieben, aber nicht lange eingehalten wurde, da die Kämpfe im Land weitergingen.[44] Am 27. April trafen sich Präsident Karadžić und der Anführer der bosnischen Kroaten Mate Boban gesondert in Graz, um ein Abkommen über die Begrenzung der Feindseligkeiten zwischen Serben und Kroaten, zum Zweck der Aufteilung Bosniens, zu unterzeichnen.[45] Kurze Zeit später schickte die UNO im Spätsommer eine Menschenrechtskommission nach Bosnien, um die Behauptungen über Massenmorde, Vergewaltigungen und sonstige Verbrechen zu überprüfen.[46] Danach forderte sie Serbien auf, die *JNA* aus Bosnien abzuziehen, da sie sonst Sanktionen gegen diese verhängen werde. Im Mai zog sich

42 „Indem sie das Überraschungsmoment und ihre Überlegenheit nutzten, nahm die jugoslawische Volksarmee mit ihren paramilitärischen Helfern innerhalb weniger Wochen mehr als 60% des gesamten Gebietes in Bosnien-Herzegowina ein." Malcolm, Noel: „Povijest Bosne", S. 315.

43 Vgl.: Čalić, Janine Marie: „Krieg und Frieden in Bosnien Herzegowina", S. 127.

44 Vgl.: Antholz, Birger: „Bosnienkrieg", S. 40f.

45 Vgl.: ebd., S. 43.

46 Vgl.: Čalić, Janine Marie: „Das Ende Jugoslawiens", S. 29.

die Armee offiziell zurück, was dazu führte, dass die Republik Serbien unter dem Oberbefehl Ratko Mladićs eine eigene Armee aufstellte, die *Vojska Republike Srpske - VRS*[47], der sich viele hunderte von Männern der *JNA* freiwillig anschlossen. Auch wurden alle militärischen Geräte an die neu gegründete *VRS* abgegeben, was somit keine wirkliche Veränderung der Situation hervorbrachte.[48]

Die Einnahme der Gebiete wurde unterdessen fortgesetzt, was zur Folge hatte, dass im Juli 1992 insgesamt 72 % des Landes unter bosnisch-serbischer Kontrolle standen.[49] Dies führte dazu, dass die beiden gegnerischen Parteien am 21. Juli 1992 eine Art Bündnisvertrag unterzeichneten, indem sie sich gegenseitigen Schutz vor den bosnischen Serben zusicherten, was allerdings nicht lange anhalten sollte, da die Kämpfe zwischen den Kroaten und Bosniaken nicht aufhörten. Am 20. September 1992 wurde dieser Vertrag erneuert.[50]

Aufgrund der desolaten Lage des Landes entschied sich der UN[51]-Sicherheitsrat im August 1992 erste humanitäre Hilfe nach Bosnien zu schicken, wozu Lebensmittel und medizinisches Material gehörten.[52] In der Nacht zum 25. August wurde die Nationalbibliothek von Bosnien-Herzegowina in Sarajevo zerstört, was einen enormen kulturellen Schaden verursachte. Die internationale Gemeinschaft versuchte zu vermitteln und schickte Berichterstatter ins Land. Parallel dazu arbeiteten weitere europäische Vermittler an einem Friedensplan in Genf, über den 1993 offiziell verhandelt wur-

47 „Armee der Republik Serbien".

48 Vgl.: Antholz, Birger: „Bosnienkrieg", S. 42f.

49 Vgl.: ebd., S. 47.

50 Vgl.: ebd., S. 54.

51 „United Nations".

52 Vgl.: Antholz, Birger: „Bosnienkrieg", S. 51.

de.[53] Erneut kam es am 20. September 1992 zu einem Treffen aller drei Kriegsparteien, bei dem einvernehmlich ein weiteres Waffenstillstandsabkommen unterzeichnet wurde, das den gegenseitigen Gefangenenaustausch regelte. Dieses wurde weitestgehend eingehalten.[54]

Die UNO verhängte zwei Wochen später ein Flugverbot über Bosnien-Herzegowina, das von UN-Soldaten und der NATO[55] kontrolliert werden sollte, um das serbische Voranschreiten im Land zu stoppen. Kurze Zeit später, am 28. Oktober 1992, legten die europäischen Vermittler Cyrus Vance und David Owen[56] einen Friedensplan vor, über den im Januar 1993 entschieden werden sollte.

53 Vgl.: Antholz, Birger: „Bosnienkrieg", S. 53–59.

54 Vgl.: ebd., S. 54.

55 „North Atlantic Treaty Organisation".

56 Cyrus Vance, ehemaliger US-amerikanischer Außenminister und Lord David Owen, ehemaliger britischer Außenminister, waren Vorsitzende der Genfer Jugoslawienkonferenz und für die Lösung des Bosnienkrieges – durch einen Friedensplan – verantwortlich. Vgl.: http://de.wikipedia.org/wiki/Vance-Owen-Plan.

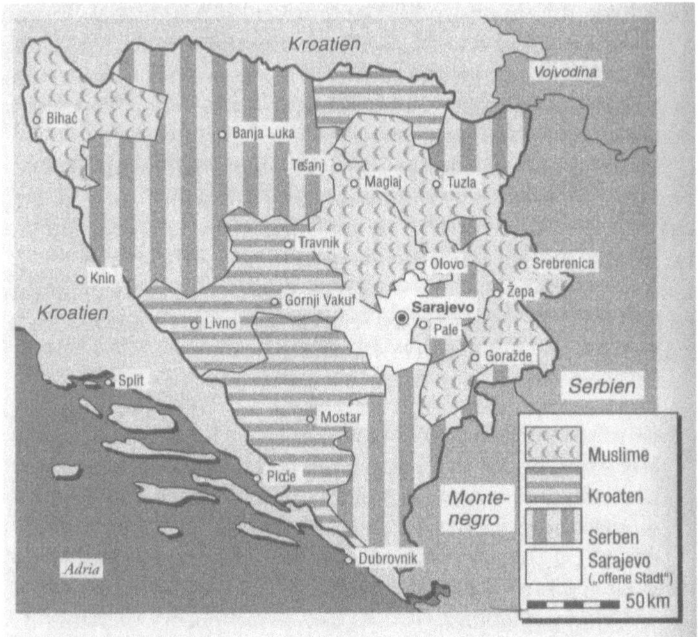


Abbildung 5: Karte vom Vance-Owen Plan

Der Plan sah, wie in Abbildung 5[57] zu erkennen ist, die Aufteilung Bosniens in zehn Kantone vor, wobei jede der drei Parteien drei der Kantone erhalten sollte. Das höchste Staatsorgan dieses Gebildes sollte eine Präsidentschaft sein, die sich aus je drei Vertretern der großen Volksgruppen zusammensetzen sollte. Sarajewo sollte hierbei als eigenständiges Kanton das Zentrum bilden, von wo aus diese Präsidentschaft ausgeübt werden sollte. Viele der bereits eroberten Gebiete hätten hierfür allerdings wieder abgegeben werden müssen,

57 Vgl.: Čalić, Janine Marie: „Krieg und Frieden in Bosnien Herzegowina", S.194.

was dazu führte, dass der Plan lediglich von der kroatischen Seite unterzeichnet wurde; die serbische und muslimische Seite lehnten ab. Dies führte dazu, dass weitere Spannungen, besonders zwischen der kroatischen und muslimischen Seite, entstanden und es zu harten Kämpfen in den nicht von Serben besetzten Gebieten kam.[58]

## 2.4 1993

Die erste Hälfte des Jahres 1993 war daher durch dauernde Kämpfe zwischen bosnischen Kroaten und Muslimen gekennzeichnet. Besonders die Gebiete um Travnik, Turbe und Zenica zählten hierbei zu den am heftigsten umkämpften Orten.[59] Unterdessen versuchten Vance und Owen ihre diplomatischen Bemühungen fortzusetzen, indem sie begannen, den abgelehnten Friedensvertrag insoweit zu überarbeiten, dass er von allen drei Parteien unterschrieben wird. Am 25. März 1993 entschied sich der bosnische Präsident Izedbegović durch Druck seiner Partei dazu, den ersten Vorschlag von Vance und Owen doch noch zu unterschreiben. Demnach fehlte nur noch die bosnisch-serbische Seite, die sich jedoch erneut dagegen aussprach.[60] Die Kämpfe gingen unterdessen weiter, und der UN-Sicherheitsrat beschloss aufgrund immer häufig werdender Berichte über Massenmorde einen internationalen Strafgerichtshof (*ICTY*) zu gründen, der die auf dem Balkan verübten Verbrechen aufklären und ahnden sollte und soll. Er findet seinen Sitz im niederländi-

58 Vgl.: Antholz, Birger: „Bosnienkrieg“, S. 59ff.

59 Vgl.: ebd., S. 57.

60 Vgl.: ebd., S. 67.

schen Den Haag und seine zeitliche Zuständigkeit wird rückwirkend vom Jahr 1991 an angesetzt.[61]

Zwischenzeitlich erklärte die UNO am 14. April 1993 Srebrenica zur ersten internationalen Schutzzone, die unter UNPROFOR[62]-Aufsicht stehen sollte. Einige Zeit später folgten die Städte Bihać, Goražde, Sarajewo, Tuzla und Žepa.[63] Fortdauernd forderten sie die Republik Serbien auf, den Vance-Owen-Plan zu unterschreiben, andernfalls leiteten sie scharfe wirtschaftliche Sanktionen gegen sie ein. Das Parlament der Republik Serbien in Pale lehnte den Vertrag wiederholt ab, was zur Umsetzung der angekündigten Drohung führte. Am 2. Mai unterschrieb Radovan Karađić überraschenderweise eigenmächtig den Vertrag letzlich doch, dessen Umsetzung allerdings nur vier Tage später durch eine Volksabstimmung vom Parlament in Pale kategorisch abgelehnt wurde.[64]

Bis Ende Juli 1993 standen die gegenseitigen Angriffe und damit zusammenhängende Verwirrung, wer denn nun mit wem und wer gegen wen kämpfe, im Fokus der Berichterstattungen. In Zentralbosnien und um Mostar kämpften die Bosniaken einen erbitterten Kampf gegen die Kroaten; im Südosten des Landes kämpften die kroatischen und serbischen Truppen gemeinsam gegen die bosnischen Einheiten und in der Save Ebene kämpften die Bosniaken mit den Kroaten zusammen gegen die bosnischen Serben.

Insgesamt war die Situation sehr verworren und die einzelnen Volksgruppen kämpften in manchen Regionen mit-, in

61 Vgl.: Del Ponte, Carla: „ICTY: Richten und Erinnern", S. 141.

62 UNPROFOR: United Nations Protection Force. Vgl.: www.un.org/en/peacekeeping/missions/past/unprofor.htm.

63 Vgl.: Antholz, Birger: „Bosnienkrieg", S. 68.

64 Vgl.: ebd., S. 68.

anderen gegeneinander.[65] In dem Buch *Bosnienkrieg* zitiert der Autor Birger Antholz die *Frankfurter Rundschau* passend zu den Ereignissen dieser Jahre:

„Jeder kämpft gegen jeden!“[66]

Da die serbischen Truppen im Nordosten Bosniens gemeinsam mit den Kroaten kämpfen, dauerte es nicht lange, bis der Präsident Serbiens, Slobodan Milošević[67], und der Präsident Kroatiens, Franjo Tuđman[68], am 16. Juli 1993 einen eigenen Friedensplan vor der UNO präsentierten.[69] Dieser sah, wie der Vance-Owen-Plan auch, eine Teilung Bosniens in drei Teile vor, bei der die Bosniaken große Teile der Industrieorte bekommen sollten. Dieser Plan wurde allerdings von Izedbegović abgelehnt, da er ihm als ungerecht erschien und er immer noch an der Idee eines Gesamtstaates festhielt.[70]

65 Vgl.: Antholz, Birger: „Bosnienkrieg“, S.69ff.

66 Ebd., S. 70.

67 Slobodan Milošević (*20.08.1941 in Serbien, † 11.03.2006 während Untersuchungshaft in Den Haag-Scheveningen, Niederlande) war ein jugoslawisch-serbischer Politiker und der spätere Präsident Serbiens (1989 bis 1997) sowie der Bundesrepublik Jugoslawien (1997 bis 5.10.2000), der noch während seiner regulären Amtszeit international als Kriegsverbrecher angeklagt wurde. In seine Amtszeit fallen die Kriege in Slowenien, Kroatien, Bosnien und derjenige im Kosovo. Vgl.: http://de.wikipedia.org/wiki/Slobodan_Milošević.

68 Franjo Tuđman (* 14.05.1922 in Veliko Trgovišće, † 10.12.1999 in Zagreb) war ein kroatischer Politiker und nach den ersten Mehrparteienwahlen in Kroatien der Präsident, welcher das Land in die staatliche Unabhängigkeit von der Föderation Jugoslawien führte. Vgl.: Husić, Sead: „Psychopathologie der Macht“, S. 110ff.

69 Vgl.: Birger, Antholz: „Bosnienkrieg“, S. 72.

70 Vgl.: ebd.

Wieder vergingen Wochen, bis es zu einem erneuten gemeinsamen Treffen kam, um eine mögliche Lösung für den Konflikt zu finden. Diesmal waren es wieder der Diplomat Owen und der an die Stelle des US-amerikanischen Außenministers getretene norwegische Außenminister Stoltenberg[71], die erneut nach Genf baten. Dort präsentierten sie ihren überarbeiteten Vorschlag, der in Abbildung 6[72] zu erkennen ist und der erneut eine Aufteilung in 10 Kantone einplante – allerdings mit einer prozentual neuen Aufteilung des Gebietes, indem die Serben 52 %, die Bosniaken 31 % und die Kroaten 17 % des Gesamtgebietes für sich beanspruchen konnten.

71 Thorvals Stoltenberg war stellvertretender Vorsitzender der internationalen Jugoslawienkonferenz von 1993 bis 1995 und ab 1995 UN-Sondergesandter für Bosnien-Herzegowina. Vgl.: Holbrooke, Richard: „Meine Mission", S. 578.

72 Vgl.: Čalić, Janine Marie: „Krieg und Frieden in Bosnien Herzegowina", S. 198.

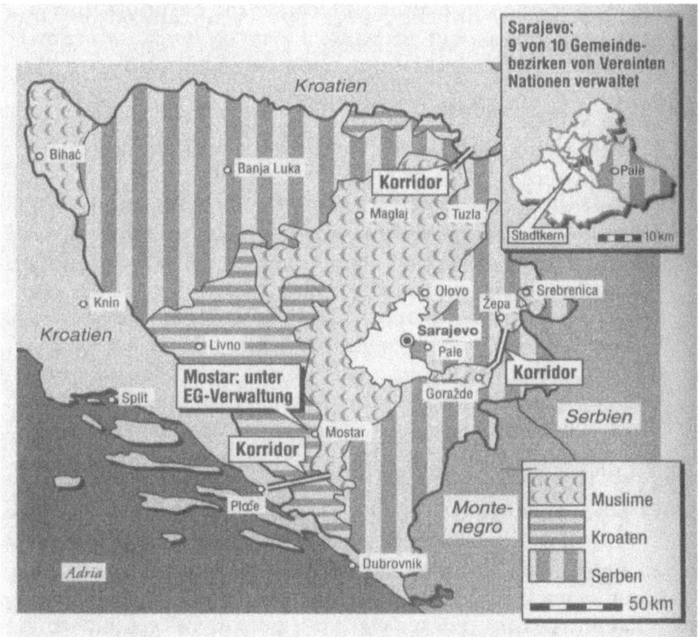


Abbildung 6: Owen-Stoltenberg Plan

Dieser Plan orientierte sich an der damaligen Kriegslage, wobei die Serben erneut einen großen Teil ihres Gebietes hätten abgeben müssen, den hauptsächlich die bosnischen Muslime erhalten hätten. Am 28. August 1993 unterschrieben die serbische und kroatische Seite den Vertrag; lediglich Alija Izedbegović lehnte ihn ab, da er bestimmte Gebiete einforderte, die ihm so nicht zugesprochen worden wären. Die Runde in Genf löste sich wieder auf, ohne eine Lösung gefunden zu haben und die Kämpfe zwischen den drei Parteien gingen weiter.[73]

Einen Höhepunkt des Krieges 1993 bildeten die Ereignisse in und um Mostar, wo sich die kroatische und bosnische Seite einen erbitterten Kampf lieferten, bei dem am 9. November 1993 schließlich die 1566 erbaute und international als Denkmal anerkannte *Türkenbrücke* vermeintlich absichtlich, wie die Bosniaken behaupten, durch kroatische Beschüsse zerstört worden ist.[74]

## 2.5 1994

Das Jahr 1994 war durch eine Art Stellungskrieg und die Ereignisse in und um Sarajewo gekennzeichnet. Am 5. Februar 1994 detonierte eine Bombe auf dem Zentralmarkt in Sarajewo, wodurch 68 Zivilisten ums Leben kamen und über 200 verletzt wurden. Die Bosniaken beschuldigten sofort die serbischen Belagerer, die den Angriff jedoch vehement abstritten. Sie behaupteten, die Bombe sei von der bosnischen Regierung bewusst dort platziert worden, um die Schuld den Serben zuschreiben zu können. Als Beweis brachten sie das Faktum an, dass ein bosnischer Fernsehsender nur einige Minuten nach der Detonation sofort am Unglücksort war, um live über die Geschehnisse zu berichten.[75] Dennoch forderte die NATO die serbischen Truppen auf, ihre schweren Waffen bis 20 km vor das Stadtzentrum von Sarajewo abzuziehen, ansonsten würden sie zu militärischen Aktionen gegen

73 Vgl.: Čalić, Janine Marie: „Krieg und Frieden in Bosnien Herzegowina", S. 78.

74 Vgl.: ebd., S. 87.

75 Vgl.: Ilinčić, Branko: „Jugoslovenska Kriza", S. 464.

sie übergehen, was die Serben auch sofort taten, da die Stadt eine Schutzzone war.

Am 25. Februar schlossen die bis dato gegeneinander kämpfenden Bosniaken und Kroaten einen Waffenstillstand, der von der UNPROFOR überwacht werden sollte. Am 18. März reisten Izedbegović und der Präsident Kroatiens Franjo Tuđman zusätzlich nach Washington, um dort das sogenannte Washingtoner Abkommen zu unterschreiben, welches die Gründung einer bosnisch-kroatischen Föderation in Bosnien selbst beinhaltet. Dieses Abkommen ist das einzige Abkommen, welches über einen längeren Zeitraum und schließlich bis zum Ende des Krieges 1995 eingehalten wurde.[76] Kurz danach ließen die schweren Kämpfe in Zentralbosnien nach und der Fokus verlagerte sich erneut auf die Kämpfe zwischen serbischen und muslimisch-kroatischen Einheiten.[77] Zwischenzeitlich kam es in der Region um Banja Luka zum ersten internationalen militärischen Eingreifen. Die NATO schoss vier serbische Flugzeuge ab, da diese gegen das Jahre zuvor verhängte Flugverbot verstießen. Diese Aktion stellt einen wichtigen Schritt in der NATO Geschichte dar, da sie die erste dieser Art seit ihrer Gründung 1949 ist.[78] Die Angriffe serbischer Truppen gingen unterdessen weiter und Mitte April wurden scharfe Geschütze gegen die Gemeinde Goražde aufgefahren, die von der UNO verurteilt und am 10./11. April 1994 mit NATO-Angriffen aus der Luft geahndet wurden. Da hierdurch serbische Stellungen zerstört wurden, nahmen die bosnischen Serben 200 UNO-Mitarbeiter vorübergehend fest. Die Situation löste sich um den 25. April allerdings wieder auf, indem Goražde zur Schutzzone erklärt wurde und

76 Vgl.: Ilinčić, Branko: „Jugoslovenska Kriza"., S. 89.

77 Vgl.: Antholz, Birger: „Bosnienkrieg", S. 88f.

78 Vgl.: ebd., S. 89.

die Kämpfe zwischen der NATO und den serbischen Truppen somit wieder eingestellt wurden.[79]

Es kam zu einer kurzen Feuerpause, in der die internationalen Vermittler am 5. Juli 1994 einen dritten Friedensplan vorlegten, der als Vorgänger des späteren Dayton-Abkommens gilt. In diesem ist eine Aufteilung Bosniens in zwei Teile vorgesehen, bei der die Serben 49% und die bosnische Föderation 51% des Gebietes erhalten sollten. Dieser Plan wurde allerdings von den Serben in Pale abgelehnt. Daraufhin forderte Slobodan Milošević, Präsident Serbiens, die Republik Serbien auf, den Plan anzunehmen, ansonsten würde er die Grenzen nicht weiter akzeptieren und die Zusammenarbeit zwischen Serbien und ihnen abbrechen. Als der Vertrag nach dem dritten Anlauf nicht unterzeichnet wurde, schloss Belgrad am 4. August 1994 alle Grenzen nach Bosnien und überließ die Menschen deren Schicksal. Dies führte zu großen Problemen in der *Republika Srpska*, da militärischer Nachschub fehlte. Durch den immer stärker werdenden Protest der Menschen und den anwachsenden Hass gegen Milošević wurden die Grenzen schließlich am 17. September 1994 unter Aufsicht einer internationalen Kommission für Hilfslieferungen wieder geöffnet. Diese Zusammenarbeit führte dazu, dass Serbien EU-weit wieder besser dastand.[80] Die Kämpfe um Sarajewo gingen indes weiter, was die NATO dazu veranlasste, ein erneutes Ultimatum gegen die bosnischen Serben zu stellen.[81]

79 Vgl.: Antholz, Birger: „Bosnienkrieg“, S. 90.

80 Vgl.: ebd., S. 93.

81 Vgl.: ebd.

Während sich die bosnischen Serben mit den internationalen Kräften auseinandersetzten, eroberten die Einheiten der bosnischen Föderation in Bosnien zunehmend Gebiete.[82]

## 2.6 1995

Jenes Jahr begann mit einem NATO-Angriff auf ein Munitionslager in Pale, weil die serbischen Truppen Geräte aus einem UNO-Lager gestohlen hätten. Als Vergeltungsschlag beschossen die Serben wiederum einige Schutzzonen, was wiederum zu erneuten Luftangriffen seitens der NATO führte, durch die über 71 Zivilisten ums Leben kamen. Kurz danach nahmen die Serben UNO-Soldaten als lebende Schutzschilde fest, die sie an mehreren militärisch wichtigen Punkten festbanden. Diese wurden jedoch kurze Zeit später unverletzt wieder freigelassen.[83] Danach folgten weitere solcher Aktionen, bei denen häufig Menschen als Schutzschilder eingesetzt wurden. Durch zunehmend laut werdende Stimmen, um Srebrenica herum würden allnächtlich hunderte von Serben heimtückisch ermordet werden, formierten sich Einheiten, die einen Einmarsch in die Schutzzone planten.

82 Vgl.: Antholz, Birger: „Bosnienkrieg", S. 94.

83 Vgl.: ebd., S. 98.

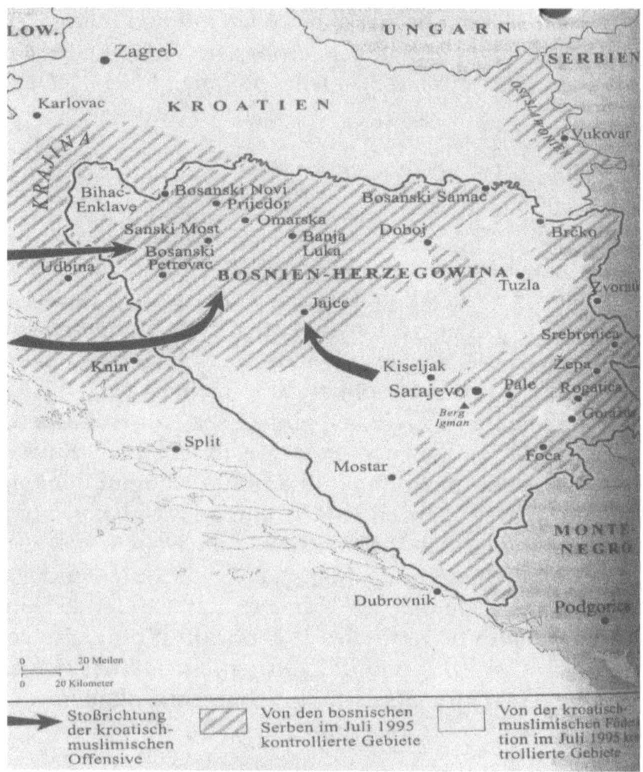


Abbildung 7: Frontverlauf Spätsommer/Herbst 1995

Am 11. und 12. Juli 1995 war es schließlich soweit: Serbische Truppen nahmen Srebrenica ein.[84] Daraufhin unterzeichneten Izedbegović und Tuđman am 22. Juli 1995 ein militärisches Beistandsabkommen, welches eine Festigung der vorher bereits unterschriebenen Verträge darstellte. Wegen der Vorkommnisse in Srebrenica erließ das ITCY gegen den Prä-

84 Vgl.: Antholz, Birger: „Bosnienkrieg", S. 99.

sidenten der Republik Serbien, Radovan Karađić, und gegen Armeechef Ratko Mladić einen Haftbefehl wegen Kriegsverbrechen.[85] Die Lage spitzte sich zu und die bosnische Föderation wurde in Bosnien immer präsenter. Sie nahmen zunehmend mehr des von den bosnischen Serben besetzten Landes ein und drängten diese zurück. Ihre Lage schien sich verbessert zu haben und sie erlangten zunehmend Erfolge, wie in Abbildung 7[86] deutlich zu erkennen ist, indem die Angriffswellen bildlich dargestellt sind. Auch die Belagerung Sarajewos wurde immer stärker, und es kam erneut zu Detonationen auf öffentlichen Plätzen, die ab dem 30. August 1995 schließlich zu lange andauernden NATO- Luftangriffen führten.

In die Ecke gedrängt kam es am 21. November schließlich zu einem erneuten Treffen der drei verfeindeten Parteien in Dayton, Ohio. Dort einigte man sich auf einen gegenseitigen Frieden, indem ein Abkommen unterschrieben wurde , das am 14. Dezember 1995 in Paris öffentlich und für alle sichtbar paraphiert wurde.[87]

> „Nach mehr als vier Kriegsjahren paraphierten die Präsidenten Serbiens, Bosniens und Kroatiens, am 21. November 1995 in Dayton, Ohio, ein Friedensabkommen. Das Gewicht der Weltmacht USA, Drohungen und Versprechen waren notwendig gewesen, um die Kriegsparteien nach einem dreiwöchigen und nervenaufreibenden Verhandlungsmarathon endlich zu einem

85 Vgl.: Antholz, Birger: „Bosnienkrieg", S. 99.

86 Vgl.: Holbrooke, Richard: „Meine Mission", S. 254.

87 Vgl.: Čalić, Janine Marie: „Krieg und Frieden in Bosnien Herzegowina", S. 246.

> Kompromiss zu bewegen. Im Dezember wurde der Vertrag in Paris auch formal unterzeichnet."[88]

Anwesend waren auch weitere Staatsoberhäupter Europas und der restlichen Welt, wie der damalige Bundeskanzler Helmut Kohl oder der ehemalige US-amerikanische Präsident William Clinton. Der Vertrag sieht die Aufteilung des Landes in zwei Teile vor, wobei den Serben 49% und der bosnischen Föderation 51% zugesprochen werden, wie in Abbildung 9[89] zu sehen ist. Sarajewo bleibt die gemeinsame Hauptstadt und die Republik Serbien wird als eigenständiger Teil Bosniens international anerkannt. Weiterhin erklärten sich alle drei Parteien bereit, ihre Kriegsverbrecher an das ICTY auszuliefern und alle vertriebenen Personen in ihre Heimatorte und -gebiete zurückkehren zu lassen.[90]

88 Čalić, Janine Marie: „Krieg und Frieden in Bosnien Herzegowina", S. 246.

89 Vgl.: Schimmel, Kerstin: „Was Frieden heißt", S. 6.

90 Vgl.: Čalić, Janine Marie: „Krieg und Frieden in Bosnien Herzegowina", S. 259.

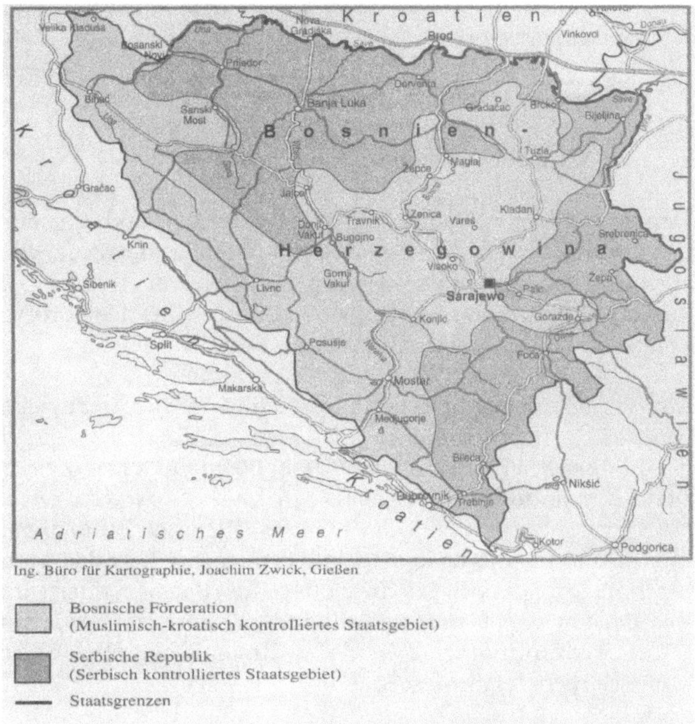


Abbildung 8: Karte des Dayton Abkommens

Der Daytoner Friedensvertrag stellt somit das offizielle Ende des Bosnienkrieges dar, was allerdings nicht zur gesamten Einstellung der Gefechte führte. Auf Seiten der bosnischen Föderation war man mit dem Ergebnis von Dayton nicht zufrieden, da sich die kroatische und bosnische Seite die Gebiete teilen mussten. Insbesondere die Bewohner der *Herzeg Bosna* wollten ihre dort entstandenen Gesetze und Strukturen nicht abschaffen, und es kam im Laufe der Zeit immer wieder zu Problemen, die sich zwar legten, heute aber teilweise fortdauernd existieren.[91]

## 2.7 Gegenwart

Heute ist Bosnien-Herzegowina ein geteiltes Land, das aus zwei innerstaatlich getrennten Republiken besteht, die beide eigene Parlamente, Justizwesen u. ä. haben. Zu erkennen ist dies auch auf Abbildung 9, da die Grenzen des Dayton-Abkommens heute noch in dieser Form Bestand haben.

Auf der einen Seite lebt der hauptsächlich serbische Bevölkerungsteil Bosniens in der *Republika Srpska,* die sich als ein eigenes kleines Serbien auf dem Gebiet Bosnien-Herzegowinas sieht. Der andere Teil Bosniens wird als *Föderation Bosnien-Herzegowina* bezeichnet. Dieses Gebiet teilen sich heute muslimische und kroatische Bosnier, die gemeinsam über das Land bestimmen. Dennoch ist die Föderation Bosnien intern immer noch in zwei Gebiete geteilt, indem die *Herzeg Bosna* mit ihren Grenzen inoffiziell weiterhin Bestand hat, obwohl sie politisch nicht legitimiert ist.[92]

91 Vgl.: Birger, Antholz: „Bosnienkrieg", S. 113ff.

92 Vgl. ebd., S. 113ff.

# 3 Darstellung ausgewählter Stationen des Bosnienkrieges aus verschiedenen Perspektiven

## 3.1 Die Drahtzieher, ihre Helfer und Ziele

Im Bosnienkrieg der 90er Jahre spielten einige wenige Männer eine ausschlaggebende Rolle. Zu diesen gehören insbesondere Alija Izedbegović, damaliger Präsident Bosnien Herzegowinas und Radovan Karađić, damaliger von dem serbischen Teil Bosniens ernannter Präsident der serbischen Gebiete, sowie die beiden Präsidenten aus den Ländern Kroatien und Serbien Franjo Tuđman und Slobodan Milošević.

### 3.1.1 Die Bosniaken - Alija Izedbegović

Der am 8. August 1925 in Bosnien-Herzegowina geborene ehemalige Präsident dieses Staates galt als religiöser Mann, der sich bereits sehr früh für den Islam und dessen Rolle in Bosnien-Herzegowina einsetzte.[93] Schon in jungen Jahren en-

93 Vgl.: Husić, Sead: „Psychopathologie der Macht“, S. 159f.

gagierte er sich in Vereinigungen wie den *Mladi Muslimani*[94] oder der *Jugoslovenskoj muslimanskoj organisaciji*, deren Vorsitzender er zeitweise war. Ziel dieser Organisationen sei es gewesen, die islamische Kultur und die arabische Sprache in Bosnien noch weiter zu etablieren, wie Sead Husić, ein bekannter bosnisch-muslimischer Journalist, behauptet. Mit Äußerungen wie:

> „Nur der Islam kann dem Volk Halt geben, das ist meine feste Überzeugung."[95]

machte sich Alija Izedbegović jedoch schnell bei den anderen beiden Parteien unbeliebt. Ihm wurde das Bestreben nach einer Islamisierung Bosnien-Herzegowinas und der Schaffung eines großen muslimischen Staates auf dem Balkan nachgesagt.[96] Im Laufe der Jahre verfestigte sich diese Meinung bei den anderen beiden Volksgruppen immer stärker, da Publikationen Izedbegovićs dies zu untermauern schienen. Mit den Veröffentlichungen der *Islamischen Deklaration*[97] von 1970

94 Bei den Mladi Muslimani, also den Jungen Muslimen und der Jugoslovenskoj muslimanskoj organisaciji, der jugoslawisch-muslimischen Organisation handelt es sich um Vereinigungen und Parteien, hauptsächlich aus jungen bosnischen Muslimen bestehend, die sich seit den 80er Jahren für eine, ihrer Meinung nach, ausstehende breitere Anerkennung des Islams in Bosnien-Herzegowina einsetzten. Vgl.: Husić, Sead: „Psychopathologie der Macht", S. 165ff.

95 Ebd., S. 163.

96 Vgl.: ebd., S. 165.

97 Die Islamische Deklaration oder auch islamska deklaracija wurde 1970 veröffentlicht, aber erst 1983 von der Öffentlichkeit wahrgenommen. Sie führte daraufhin dazu, dass Alija Izedbegović in der jugoslawischen Föderation wegen Landesverrats zu 14 Jahren Haft verurteilt wurde. Nach 6 Jahren wurde er schließlich wieder freigelassen. Vgl.: ebd., S. 166.

und dem Buch *Der Islam zwischen Ost und West*[98] von 1980 war er mit dem Image des fundamentalen Muslims in Bosnien versehen. Über beide Schriften behauptete er stets, sie seien „als pragmatische Schriften zur geistig-moralischen Erbauung der Muslime zu verstehen."[99] Seine Absicht sei es niemals gewesen, das Land zu islamisieren, vielmehr habe er eine Gemeinschaft im Sinn, der alle angehören sollten. Eine Unterscheidung zwischen den Ethnien habe er mit diesen Schriften nicht beabsichtigt.[100] Dennoch führten bestimmte Aussagen und Passagen, vor allem in der *Islamischen Deklaration,* zu viel Unruhe. Auf serbischer und kroatischer Seite stellten und stellen Aussagen Izedbegovićs wie:

> "There is no incompatibility of islam and non-islamic systems. There can be no peace or existence between the islamic faith and non islamic social and political institutions." oder "Der Islam sei keine Religion, sondern vielmehr ein politisches System, das sich nicht mit anderen vertrage."[101]

den klaren Beweis für seine antijugoslawische Haltung da.

Der Journalist Husić aber verteidigt solche Passagen und behauptet, sie seien Friedensbemühungen Izedbegovićs gewesen, mit denen er den Menschen die Wichtigkeit des Islams habe näher bringen wollen.[102] Bei den Serben und Kroaten galt und gilt er aufgrund solcher Aussagen jedoch schnell als Fundamentalist, der einen christlichen Staat islamisie-

98 „Der Islam zwischen Ost und West" ist ein Buch, das die beiden Gesellschaftsmodelle des Westens und das der islamischen Länder miteinander vergleicht. Vgl.: Husić, Sead: „Psychopathologie der Macht", S. 166.

99 Ebd., S. 168.

100 Vgl.: ebd., S. 167.

101 Ebd.

102 Vgl.: ebd., S. 168.

ren wollte.[103] Gegen diese Behauptung und seinen angeblich stark ausgeprägten Nationalismus wehrte sich Izedbegović zeitlebens vehement:

> „We are on the road to a national state, our only way out is towards a free civic union. This is the future. Some people may want that (to make Bosnia a muslim state) but this is not a realistic wish. [...] The creation of the European Economic Community – although this claim may seem unacceptable at first sight-constitutes the most constructive event in the 20th century European history. And the establishment of this supranational structure was the first real victory of the European peoples over nationalism. Nationalism has become a luxury, a thing too expensive for small and even for medium-sized nations."[104]

Sead Husić, den ich hier als Repräsentanten für die bosnische Meinung von Alija Izedbegović anführe, spricht von jenem als einem Helden, der den bosnischen Muslimen helfen wollte und geholfen hat, ihre Nationalität in Bosnien zu etablieren.[105]

> „Er war ein säkularer Moslem. Er kämpfte fast sein ganzes Leben lang für die Glaubensfreiheit der Muslime Bosniens und für deren nationale Eigenständigkeit.[...] Izedbegović vertrat als gläubiger Moslem eine Politik des Friedens und des Ausgleichs zwischen den Religionen. Bis zuletzt versuchte er die Volksgruppen zusammenzuführen, auch nach dem Krieg."[106]

---

103 Vgl.: Koljević, Nikola: „Stvaranje Republike Srpske Dnevnik II", S. 21.

104 Husić, Sead: „Psychopathologie der Macht", S. 168f.

105 Vgl.: ebd., S. 157ff..

106 Ebd., S. 157.

Aber auch an anderen Stellen seines Buches wird seine Einstellung zu jenem deutlich, indem er dem Kapitel über den ehemaligen Präsidenten den Titel *Der Gläubige* gibt. Dort erklärt er, dass der Bosnienkrieg den Muslimen und Izedbegović aufgedrängt worden sei und sie schließlich zu den Hauptopfern geworden seien.[107]

Nach der Gründung der Partei *SDA* 1989, deren Vorsitzender Alija Izedbegović war, begann dieser schließlich seine Vorstellungen auch politisch umzusetzen. Husić beschränkt die offiziellen Parteiziele der *SDA* auf die Erhaltung des Gesamtstaates Bosnien-Herzegowinas als unabhängigen Staat auf dem Balkan und damit die Loslösung aus der jugoslawischen Föderation.[108] Durch seine große Anhängerschaft im ehemaligen Jugoslawien gelang es Izedbegović und seiner Partei schnell, zu einer der größten Parteien im Land heranzuwachsen,[109] was die Serben und Kroaten allerdings als unvermeidbar ansahen, da der muslimische Anteil der bosnischen Bevölkerung um einiges höher war als bei den anderen beiden Volksgruppen, wie in der im Kapitel zuvor gezeigten Grafik zu sehen ist.[110] Alija Izedbegovićs Ruf nach der Unabhängigkeit Bosnien-Herzegowinas, durch welche er die Chance für die Umsetzung seiner Pläne sah, brachte die Situation schließlich zum Brodeln. Es entwickelte sich ein immer stärkerer Hass zwischen den drei politischen Lagern.[111] Der Historiker Wieland sagte nach dem Krieg einmal dazu:

107 Vgl.: Husić, Sead: „Psychopathologie der Macht", S. 158.

108 Vgl.: ebd., S. 179.

109 Vgl.: ebd., S. 176.

110 Vgl.: Koljević, Nikola: „Stvaranje Republike Srpske Dnevnik II", S. 16ff.

111 Ebd., S. 16.

> „Izedbegović baut eine politische Spannungslinie auf, zwischen den muslimischen Brüdern und den anderen. Genau das macht seine Haltung angesichts des Bosnienkrieges so prekär, wo die Religion als zentrale Legitimation für ethnisch nationale Projekte und zur Abgrenzung gegenüber anderen herangezogen werden."[112]

Im Laufe des Krieges äußerte sich Alija Izedbegović, vor verschiedenen politischen Vertretern zum Teil sehr ungünstig, was ihn für die serbische und kroatische Kritik immer angreifbarer machte. U. a. führte er im Zuge der Friedensgespräche mehrere Gespräche mit dem britischen Sonderermittler Lord Owen, der über ihn sagte, dass *„er einer der rätselhaftesten Persönlichkeiten im früheren Jugoslawien gewesen sei"*[113] und dass er es während des Krieges durchgehend *„mit einer muslimischen Regierung zu tun hatte [gehabt habe], die für die Interessen einer vorwiegend muslimischen Bevölkerung handelte [gehandelt habe]"*[114], was Alija Izedbegović immer wieder als Unwahrheit abtat.[115]

Der bosnische Philosoph Muhamed Filipović bestätigte diese Aussagen Owens, indem er von Gesprächen mit Alija Izedbegović berichtete, in denen dieser u. a. deutlich gemacht habe, dass sein Interesse an der Gründung eines Staates für die lokale muslimische Bevölkerung sehr wohl ausgeprägt sei[116]:

> „Mehrmals hat er (Izedbegović) zu mir persönlich gesagt, dass ein einheitliches Bosnien und Herzegowina

112 Husić, Sead: „Psychopathologie der Macht", S. 168.

113 Ebd., S. 167.

114 Ebd., S. 180.

115 Vgl.: ebd., S. 69.

116 Vgl.: ebd., S. 178.

> nicht mehr möglich sei, weil es niemand wünscht. Einmal hat er mir sogar gesagt: Weißt du Professor, keiner wünscht sich ein gemeinsames Bosnien, so dass es am besten wäre, wenn jeder dass seine nehmen würde. [...] Du wirst Sarajewo nehmen, ich aber möchte z.B. Glamoć oder Banja Luka (Städte die von Serben oder Kroaten kotrolliert wurden), weil sie auch mir gehören."[117]

Aber auch seine eigenen Aussagen in der Öffentlichkeit während des Krieges führten dazu, dass er auf den anderen beiden Seiten verstärkt als Fundamentalist wahrgenommen wurde. Noel Malcolm, britischer Historiker und Balkanexperte[118], zitiert Izedbegović wie folgt in seinem Buch *Povijest Bosne*:

> „Ako moram da biram između Miloševića i Tuđmana to je kao da biram između leukemije i tumora."[119]

Ein weiterer Punkt, den die serbische und kroatische Seite immer wieder in den Raum warfen und heute noch werfen, ist die Beschuldigung Alija Izedbegovićs, ein doppeltes Spiel gespielt zu haben. Nach außen hin habe er sich für die westliche Welt als Opfer dargestellt, das als einziger den Frieden für sein Volk wolle. Im Land selbst sei er jedoch genauso verantwortlich für den Befehl an Vertreibungen, Mord und Folterungen an gegnerischen Zivilisten gewesen wie die an-

117 Husić, Sead: „Psychopathologie der Macht", S. 178.

118 Noel Malcolm ist ein britischer Historiker an der Universität Cambridge und ein erfahrener Balkanexperte. Seit dem Zerfall Jugoslawiens reist er zu Forschungszwecken in den Balkanländern umher. Mittlerweile hat er mehrere Publikationen zu den verschiedenen Ereignissen auf dem Balkan veröffentlicht. Vgl.: Malcolm, Noel: „Povijest Bosne", Einband.

119 „Wenn ich zwischen Milošević und Tuđman wählen muss, dann ist das so, wie zwischen Leukämie und einem Tumor". Vgl: ebd., S. 301.

deren beiden Seiten auch; nur das dies nicht an die Öffentlichkeit gebracht worden sei.[120]

Auch seine Beziehungen zu islamischen Staaten wie Saudi-Arabien oder Libyen, welche zur Folge hatten, dass islamische Gotteskrieger ins Land kamen und gegen die Serben und Kroaten auf die brutalste Weise kämpften, wurden von den beiden Kontrahenten äußerst negativ gesehen und immer wieder angeprangert.[121] Sead Husić, der von mir bereits genannte Autor, begründet diese Sachverhalte allerdings anders, indem er sagt, dass Alija Izedbegović in dieser Zeit nichts anderes übrig geblieben sei, als sich an diese Länder zu wenden, da sie die einzigen gewesen seien, die dazu bereit waren, sich für die bosnischen Muslime einzusetzen. *„[...] Es war nur logisch, dass er die Hilfe muslimischer Staaten suchte.“*[122] Damit übt er öffentlich Kritik an der westlichen Haltung und ihrem Nichteingreifen bis Mitte 1995, die von der bosnischen Bevölkerung so geteilt wird.[123] Diese Kritik wird im ganzen Buch deutlich.

> „Auf Hilfe der internationalen Gemeinschaft hoffte er vergebens, seine Apelle vor den Vereinten Nationen nutzten nichts.“[124]

Weiter stellt er die These auf, dass die westlichen Ermittler Alija Izedbegović in eine bestimmte Rolle hätten zwängen wollten, um ihre eigenen Interessen durchzusetzten, was ihn kontinuierlich zerstört und die Qualen des Volkes so nur ver-

120 Vgl.: Koljević, Nikola: „Stvaranje Republike Srpske Dnevnik I“, S. 23.

121 Vgl.: ebd., S. 254 ff.

122 Husić, Sead: „Psychopathologie der Macht“, S. 192.

123 Vgl.: ebd.

124 Ebd.

längert habe. Neben dem Autor bestätigen schließlich auch viele westliche Beobachter eine solche Veränderung am bosnischen Präsidenten.[125]

> „Ein Problem zudem stellte die geradezu ignorante Haltung westlicher Vermittler in dem Konflikt dar, die selbst in ethnonationalen Interessenssphären dachten und der bosnischen Führung mehrmals einen muslimischen Staat aufdrängen wollten.[126]
>
> „Im Lauf der Zeit ist eine deutliche Veränderung in der politischen Haltung Izedbegovićs erkennbar. In seinen Reden nimmt die nationale Komponente nun eine bedeutende Stellung ein. [...]"[127]

Diesen Umstand macht der Autor allerdings an der Tatsache fest, dass Alija Izedbegović die richtige Hilfe versagt wurde und er im Laufe des Krieges und der schrecklichen Ereignisse dazu überging, seine Haltung etwas nationalistischer auszurichten.[128]

Abschließend lässt sich zu dem ehemaligen Präsidenten Bosniens sagen, dass er neben der Kritik seiner Gegner auch viel Missgunst aus der eigenen Bevölkerung ertragen musste. Gerade seine angeblich sehr zögerliche Haltung zu Beginn des Bosnienkrieges wurde von den bosnischen Medien als Schwäche und Unentschlossenheit ihres Führers angesehen. Sie und die muslimische Bevölkerung hatten sich eine striktere Vorgehensweise von Izedbegović gewünscht, durch welche sie sich einen besseren Schutz im Krieg erhofft hatten.[129]

125 Vgl.: Husić, Sead: „Psychopathologie der Macht", S. 191.

126 Ebd., S. 190.

127 Ebd., S. 189.

128 Vgl.: ebd.

129 Vgl.: ebd., S. 212ff.

Ein weiterer Kritikpunkt, der Alija Izedbegović während seiner Amtszeit von den Medien und der Bevölkerung angelastet wurde, ist das große Maß an Korruption, das während des Krieges herrschte, wenngleich diese im eben demselben Maße auch auf den beiden anderen Seiten zu finden war. Ebenso gereichte zu vehementer Kritik, dass viele Hilfsgüter, Gelder und Kredite in die Taschen seiner Vertrauten wanderten, wobei festgehalten werden muss, dass ihm persönlich keine Korruption vorgeworfen wird.[130]

Nichtsdestotrotz gilt Alija Izedbegović in Bosnien-Herzegowina als ein Held, der verehrt wird. Gerade von den konservativen und den strenggläubigen Muslimen Bosniens wird er noch heute als ein Volksheld gesehen, der in Zeiten schwerster Not für sein Volk da war und ihm die Unabhängigkeit geschenkt hat.[131]

### 3.1.2 Die Kroaten – Franjo Tuđman

Der verstorbene Staatspräsident Kroatiens, Franjo Tuđman, wurde 1990 bei den ersten freien Wahlen in Kroatien demokratisch zum Staatspräsidenten gewählt. Er führte die kroatische Bevölkerung und das Land 1992 in die Unabhängigkeit von der Föderation Jugoslawien.[132]

Obwohl er der Präsident des Landes Kroatien war, spielte er auch eine wichtige Rolle in Bosnien-Herzegowina und in dem sich dort ereignenden Krieg bis 1995, da er als der eigentliche Befehlshaber der bosnischen Kroaten galt. Wenngleich Mate Boban ab 1992 der Präsident der selbsternann-

130 Vgl.: Husić, Sead: „Psychopathologie der Macht", S. 210f.

131 Vgl.: ebd., S. 207.

132 Vgl.: ebd., S. 143.

ten Republik *Herzeg-Bosna* war[133], führte Franjo Tuđman offiziell alle wichtigen Friedensverhandlungen, und Boban war ihm unterstellt.[134] Von den muslimischen und serbischen Bosniern wurde und wird Mate Boban noch heute als ein krimineller und äußerst nationalistischer Kroate gesehen, der als Tuđmans Paladin[135], wie er bezeichnet wird, agierte.[136]

Franjo Tuđmans erklärtes Ziel für das kleine Land Bosnien-Herzegowina war, den bosnischen Kroaten ihre Selbstbestimmung im Land zu ermöglichen und die *Herzeg -Bosna* an das Mutterland Kroatien anzuschließen.[137] Dazu sah er es allerdings für nötig an, die von ihm beanspruchten Gebiete als eigenständige kroatische zu legitimieren, was die Teilung Bosniens beinhaltete. Die bestehenden Grenzen des Landes Bosnien-Herzegowina sah er als etwas Künstliches an; wie das Land selbst, welches allein von Tito in dieser Form geschaffen worden sei.[138] Der Zeitschrift *Der Spiegel* gab Franjo Tuđman mehrere Interviews bezüglich des drohenden Konflikts in Bosnien, in denen er diese Aussage wiederholt bestätigte:

> „Tito hat versucht auf der Basis der Gleichberechtigung aller Völker einen Staat zu schaffen. Und das war auch das einzig Positive, was aus der antifaschistischen Partisanenbewegung hervorgegangen ist. Aber werfen wir doch mal einen Blick auf die Landkarte. Man muss kein Historiker sein, um zu erkennen, dass Bosnien eine geopolitische Einheit mit Kroatien bildet. Sie gehören zu-

133 Vgl.: Malcolm, Noel: „Povijest Bosne", S. 305.

134 Vgl.: Husić, Sead: „Psychopathologie der Macht", S. 147ff.

135 Hier als Stellvertreter gemeint; eine Art Lakai.

136 Vgl.: Husić, Sead: „Psychopathologie der Macht", S. 151.

137 Vgl.: ebd, S. 146.

138 Vgl.: ebd., S. 149ff.

> sammen, sind beide voneinander abhängig, in der Wirtschaft wie in der Infrastruktur."[139]

Die Muslime könnten in diesem von ihm angestrebten neuen Staat sehr wohl (mit)leben, sie müssten sich aber zu ihrer wahren Volksgruppe bekennen, die er als die Kroatische ansah.[140] Diese und andere ähnliche Aussagen sprach Franjo Tuđman bereits in sehr frühen Jahren öffentlich aus, indem er propagierte, dass Bosnien eigentlich schon immer kroatisch gewesen sei und dass die dort lebenden Muslime daher auch konvertierte Kroaten seien, die zuerst von den Serben zum orthodoxen Glauben und dann von den Türken zum Islam bekehrt worden waren.[141] Auch in seinem 1969/70 verfassten Buch *Velike ideje i mali narod*[142] lassen sich solche faschistischen Äußerungen nachlesen, in dem er ganz öffentlich dazu steht und bereits dort die Unabhängigkeit Kroatiens und den Anschluss Bosniens an dieses Land fordert, was ihm mehrere Jahre Gefängnis einbrachte.[143] Norman M. Naimark[144] führt in seinem Buch *Flammender Hass* mehrere Berichte an, wie z. B. die des britischen Botschafters Zimmerman, der über Treffen mit Franjo Tuđman erzählte. Dieser soll dabei u. a. gesagt haben:

> „Die Muslime seien gefährliche Fundamentalisten, die alle zivilisierten Nationen bedrohen. [...] Bosnien hat

139 Der Spiegel, Heft 25/1990, S. 165.

140 Vgl.: Husić, Sead: „Psychopathologie der Macht", S. 149.

141 Vgl.: Naimark, Norman M.: „Flammender Hass", S. 213.

142 „Große Ideen und kleine Völker".

143 Vgl.: Strohmayer, Robert: „Die Ideologie der Kroatischen Demokratischen Gemeinschaft", S. 157ff.

144 Prof. Norman M. Naimark ist ein US-amerikanischer Historiker und der Direktor für osteuropäische Studien an der Stanford University. International gilt er als Balkanexperte. Vgl.: http://de.wikipedia.org/wiki/Norman_Naimark.

> nie wirklich existiert, daher soll es zwischen Kroatien und Serbien aufgeteilt werden."[145]

Insgesamt häufen sich die Berichte über solche negativen Aussagen Tuđmans bezüglich der bosnischen Muslime. Er vertrat konsequent die Meinung, diese planten, einen islamischen Gottesstaat auf dem Balkan zu errichten und ihr Präsident Alija Izedbegović sei dabei der Schlimmste von allen. Er bezeichnete ihn stets als „grünen Teufel".[146] Norman Naimark schreibt weiter, dass auf der 50-Jahr-Feier des alliierten Sieges in London Tuđman seinem Tischnachbarn, dem Vorsitzenden der britisch liberalen Demokraten, Paddy Ashdown Folgendes gesagt haben soll[147]:

> „Es würde keinen muslimischen Teil in Bosnien geben, die Muslime würden ein unwichtiger Teil des kroatischen Staates sein, da sie eigentlich bloß Serben und Kroaten seien, die während der Türkenherrschaft keinen Widerstand geleistet hätten."[148]

Weiter zitiert er auch den Präsidenten des kroatischen Helsinki Komitees[149], Ivan Svonomir Čičak, der ebenfalls von einem solchen Treffen mit Tuđman berichtete, bei dem er sich sehr abfällig über die bosnischen Muslime geäußert habe, indem er sie als „dreckige und stinkende Asiaten" bezeichnet betitelte.[150] Aber auch gegenüber seinen serbischen Brüdern, wie

---

145 Vgl.: Naimark, Norman M.: „Flammender Hass", S. 213.

146 Husić, Sead: „Psychopathologie der Macht", S. 151.

147 Vgl.: Naimark, Norman M.,: „Flammender Hass", S. 213.

148 Ebd.

149 Das Helsinki Kommitee oder auch International Federation For Human Rights ist eine Organisation, bestehend aus 46 Ländern, die sich für die Einhaltung der Menschenrechte einsetzt und Standorte in allen Mitgliedsländern hat. Vgl: www.ihf-hr.org

150 Vgl.: Naimark, Norman M.,: „Flammender Hass", S. 213.

er sie öfter nannte, war Franjo Tuđman nicht positiv gesinnt. Ihnen warf er stets vor, ein Großserbien schaffen zu wollen[151], und er nannte sie den „Aggressor"[152], gegen den man u. a. in Bosnien vorgehen müsse; und wenn nötig, gemeinsam mit den Moslems.[153] Kroatiens Eingreifen in den Bosnienkrieg, der Kampf für das Land und vor allem für dessen kroatische Bewohner seien in dieser Form erst entstanden, als die serbischen Aggressoren sich entschieden hätten, die Menschen anzugreifen, um Serbien mit den bosnischen Gebieten zu vergrößern.[154]

Obwohl er nie einen explizit reinen ethnischen Staat in Kroatien und Bosnien forderte, betonte er aber durchweg die nationalen Elemente dieser Länder und deren Zusammengehörigkeit, um seine Volksleute zu unterstützen und auf seine Seite zu bringen. Wenn er zu den Menschen sprach, verwendete er immer die Worte „Liebe Kroaten und Kroatinnen", was die anderen beiden Volksgruppen somit von vornherein ausschloss, wie Robert Strohmayer zusammenfasst.[155] Er nutzte auch die Medien, indem er sie für seine Ziele instrumentalisierte, um ein Sprachrohr zu haben.[156]

Von den beiden anderen Seiten wurde Franjo Tuđman als ein extremer Nationalist gesehen, der unter allen Umständen ein Großkroatien schaffen will.[157] Um ihre Aussagen zu untermauern, beziehen sich die Serben u. a. auf Zitate westli-

151 Vgl.: Der Spiegel, Heft 5/1993, S. 131.

152 Ebd.

153 Vgl.: ebd.

154 Vgl.: Der Spiegel, Heft 25/1990, S. 165.

155 Vgl.: Strohmayer, Robert: „Die Ideologie der kroatischen demokratischen Gemeinschaft", S.169.

156 Vgl.: ebd., S. 165.

157 Husić, Sead: „Psychopathologie der Macht", S. 110.

cher Beobachter, wie auf das des schwedischen Außenministers Carl Build[158], der sagte:

> „Franjo Tuđman je bez sumlje jedan od onih koji snose glavnu odgovornost za ovu ratnu dramu. [...] On zacjelo nije bio ličnost koja je bila spremna na kompromise i pomjerenje. [...] Zavjed da će stvoriti hrvatsku državu, bio je Tuđmanova lićna opsesija."[159]

Aber auch seine eigenen Landsleute waren durchaus gespalten, wenn es um die Haltung zu ihrem Präsidenten ging. Viele hielten ihn ebenfalls für einen Nationalisten, der ihnen aber nichtsdestoweniger die Unabhängigkeit für das Land Kroatien einbringt, das Gebiet der *Herzeg-Bosna* an dieses anschließen will und somit den Zusammenhalt zwischen den bosnischen Kroaten und denen Kroatiens ermöglicht.[160] Eine kroatische Zeitung schrieb während des Krieges:

> „Der kroatische König [...] hat unsere Heimat befreit. [...] Tuđman hat uns die Freiheit gebracht und das kroatische Volk versöhnt."[161]

Von internationaler Seite wurde Franjo Tuđman ebenfalls sehr kritisch gesehen, da er die Zusammenarbeit mit der internationalen Gemeinschaft schwer behinderte.

U. a. weigerte er sich, mit dem Kriegsverbrechertribunal in Den Haag zusammenzuarbeiten, indem er die kroati-

158 Vgl.: Iliničić, Branko: „Jugoslovenska Kriza", S. 81.

159 „Franjo Tuđman ist ohne Zweifel einer der Hauptverantwortlichen für dieses Kriegsdrama. Er als Person war zu keinerlei Kompromissen und Frieden bereit. Das Versprechen zu erfüllen, ein kroatisches Reich zu schaffen, entwickelte sich zu Tuđmans persönlicher Besessenheit." Vgl.: Ebd.

160 Vgl.: Husić, Sead: „Pychopathologie der Macht", S. 155 .

161 Žanić, Ivo: „Nationale Symbole zwischen Mythos und Propaganda", S. 294.

schen Kriegsverbrecher, die während des Kroatien- und Bosnienkrieges angeklagt wurden, nicht auslieferte, obwohl dies im Friedensvertrag von Dayton von ihm unterschrieben worden war.[162] Weiterhin erschwerte er es den serbischen Flüchtlingen wieder in ihre Heimatgebiete zurückzukehren, weswegen er u. a. auch vom Haager Kriegsverbrechertribunal angeklagt werden sollte. Dies geschah jedoch nicht, da er verstarb.[163]

### 3.1.3 Die Serben - Slobodan Milošević und Radovan Karađić

Der 2006 in Untersuchungshaft in Den Haag verstorbene ehemalige Präsident Serbiens und der Bundesrepublik Jugoslawiens Slobodan Milošević wurde bereits 1989 Präsident der Bundesrepublik Serbien, in der er 1990 bei den ersten freien Wahlen mit knapp 65% der Wählerstimmen im Amt bestätigt wurde.[164] Seine politische Kariere begann bereits sehr früh, nachdem er seine Ehefrau Mirjana Marković[165] kennen-

162 Vgl.: Husić, Sead: „Psychopathologie der Macht", S. 155.

163 Vgl.: ebd.

164 Vgl.: Jović, Borislav: „Od Gazimestana do Haga", S.19ff.

165 Mirjana Milošević, geb. Marković, ist die Witwe Slobodan Miloševićs und eine ehemalige jugoslawische Politikerin serbischer Abstammung. Sie stammt aus einer bekannten Politikerfamilie, denn ihr Vater Moma Marković war einer der bedeutendsten kommunistischen Politiker der jugoslawischen Föderation. Mirjana Milošević gilt als die Drahtzieherin in der Politik ihres Mannes. Ihr wird nachgesagt, die eigentlichen Fäden im Hintergrund gezogen und ihren Mann bewusst in seiner Politik und seinen Entscheidungen gelenkt zu haben. Heute wird sie u. a. wegen Korruption und Mithilfe zum Mord von der serbischen Regierung gesucht. Inzwischen lebt sie in Russland, wo sie politi-

gelernt hatte, die ihn in seinen politischen Ambitionen sehr stark unterstützte und beeinflusste. Dass sie die entscheidende Rolle in seiner Politik gespielt hat, darüber sind sich alle Parteien, Politiker und Beobachter gleichermaßen einig[166]:

> „Bei Slobodan Milošević muss die Rolle seiner Frau Mira mitberücksichtigt werden. Während bei den anderen beiden Akteuren Izedbegović und Tuđman die Ehepartner kaum in Erscheinung getreten sind und sich nur öffentlich zur Politik ihrer Männer äußerten, ist Mira Marković zeitlebens eine engagierte Politikerin und Mitstreiterin ihres Mannes gewesen. [...] Sie hatte kein Staatsamt inne und doch nahm sie Einfluss auf die Geschehnisse in Jugoslawien über ihren Mann."[167]
>
> „Sein wichtigster Berater war stets seine Frau, die seine Ambitionen nährte, für ihn Reden schrieb und ihm half, Unterstützung in der Partei zu bekommen."[168]

Bereits zu Beginn seiner politischen Karriere kristallisierte sich schnell Slobodan Milošević s Kommunismusgedanke heraus, durch den er ebenso schnell zu einem der wichtigsten Politiker in Titos Umfeld wurde. Nach dessen Tod galt er in der Bevölkerung als die neue Hoffnung des Landes, da er den Nationalgedanken immer mehr in seine Reden einband.[169] Sein schneller Erfolg brachte ihm auf politischer Ebene jedoch nicht nur Sympathisanten ein. Der ehemalige jugoslawische Spitzenpolitiker Borislav Jović schreibt in sei-

sches Asyl erhalten hat. Vgl.: Jović, Borislav: „Od Gazimestana do Haga", S. 32ff.

166 Vgl.: Husić, Sead: „Psychopathologie der Macht", S. 30ff.

167 Ebd., S. 30–33.

168 Ebd, S. 42.

169 Vgl.: ebd., S. 34.

nem Buch *Od Gazimestana do Haga*[170] über die Rolle Miloševićs auf dem Balkan, dass die meisten Politiker in der Föderation dessen Heranwachsen sehr skeptisch mit ansahen, da sie ihn nicht einschätzen konnten. Es ging sogar soweit, dass sich viele Abgeordnete vor ihm fürchteten.[171] Dazu beigetragen hat vor allem sein Richtungswechsel Anfang der 90er Jahre, im Rahmen dessen er dem Kommunismus immer mehr abschwor; u. a. den Marxismus aus dem Unterricht entfernen ließ und den Sozialismus und Nationalismus immer weiter in die kommunistische Partei integrierte. Dies sicherte ihm all die vielen Stimmen derer zu, die in Titos System unzufrieden waren.[172]

Gerade zu Beginn seiner Karriere Ende der 80er Jahre war er auf serbischer Seite ein Publikumsliebling, der wusste, wie man die Menschen erreicht. Er war stets darauf bedacht, einen Draht zu der Bevölkerung aufzubauen, um diese auf seine Seite zu bringen und für seine Politik einsetzen zu können.[173]

> „Srbija kao da je jedva čekala da dobije takvog vođu koji ne trpi kompromise. Milošević je bio ličnost koja je plenila simpatije srpskog naroda i koja je pridobila njegovu ogromnu naklonost. Mlad, šarmantan, inteligentan, jasan, otvoren, čovek koji oseća najdublje interese svoga naroda, odjednom je bljesnuo svim sjajem, spremam da se stavi na čelo svoje nacije, a ona ga je obaručke prihva-

170 „Von Gazimstan bis nach Haag." Gazimestan ist der Ort im Kosovo, an dem Slobodan Milošević eine bekannte Rede hielt.

171 Vgl.: Jović, Borislav: „Od Gazimestana do Haga", S. 20.

172 Husić, Sead: „Psychopathologie der Macht", S. 37.

173 Vgl.: Jović, Borislav: „Od Gazimestana do Haga", S. 20.

> tila. Parola – „Slobo Srbine, Srbija je zu tebe," nastala je spontalno, iz dubine dušesrpskog naroda."[174]

Sead Husić beschreibt dessen Auftreten weiter so:

> „Milošević Auftreten war immer darauf gerichtet, den Eindruck einer stabilen, prinzipienfesten, entscheidungsstarken, kampfbereiten und ehrlichen Persönlichkeit zu erwecken. In seinen Reden pflegte er eine deutliche, einfache, verständliche Sprache, mit kurzen Sätzen und der Wiederholung von Schlagwörtern. Besonders gerne und häufig gebrauchte Milošević die Worte Opfer, opfern oder höheres größeres Interesse."[175]

Die Menschen sympathisierten mit ihm, gerade in der unmittelbaren Vorkriegszeit, in der die Länder Kroatien, Slowenien und die Bosniaken Bosniens ihren Unabhängigkeitsbestrebungen nachgingen. Slobodan Milošević ließ in dieser Zeit in der ganzen Föderation Massenveranstaltungen organisieren, bei denen er Reden hielt, Fahnen schwenken und Parolen rufen ließ, was zu Titos Zeiten alles verboten war. Seine Charakteristika in den frühen Jahren sollen die Suche nach direktem Kontakt zu den Menschen und seine Leidenschaft im Mittelpunkt zu stehen, gewesen sein. Auch erlaubte er seinen An-

174 „Serbien wirkte so, als ob es kaum abwarten könnte, einen solchen Führer zu bekommen, der keinerlei Kompromisse duldete. Milošević war eine Persönlichkeit, die schnell alle Sympathien des Volkes und dessen uneingeschränkte Zuneigung erhielt. Jung, charmant, intelligent, stark, offen; ein Mann, der sich für die Belange seines Volkes interessierte,erschien plötzlich mit all seinem Möglichkeiten auf der Bühne, bereit dazu, sich an die Spitze seines Volkes zu stellen, und dieses nahm ihn mit offenen Armen auf. Die Parole – „Slobo, Serbe, Serbien steht hinter dir" entstand spontan aus der Seele des Volkes." Jović, Borislav: „Od Gazimestana do Haga", S. 20.

175 Husić, Sead: „Psychopathologie der Macht", S. 24.

hängern ihre Gesinnung offen zu zeigen – vielmehr forderte Milošević sie sogar dazu auf.[176]

Indem er direkt zu den Menschen sprach und die vorherrschenden Probleme wie Arbeitslosigkeit und das drohende Auseinanderbrechen Jugoslawiens als Untergang der vorherrschenden Gesellschaftsordnung deklamierte, förderte er das Nationalgefühl der Serben. Er appellierte direkt an deren Ehr- und Gemeinschaftsgefühl, indem er an alte Geschichten und Mythen erinnerte und diese hervorhob.[177] Themen wie der jahrhundertealte Kampf gegen die Muslime, das langsame Verschwinden der serbischen Bevölkerung aus dem Kosovo oder die Unterdrückung des serbischen Volkes durch die Kroaten im Zweiten Weltkrieg führten dazu, dass er zu einer Art serbischem Messias wurde, dem das Volk bereitwillig überallhin folgte.[178] Dabei beschränkte er sich nicht nur auf die Serben in Serbien, sondern auf alle Serben der Föderation. Gerade die in Bosnien und im Kosovo lebenden Menschen waren besonders in Slobodan Milošević́s Fokus gerückt, da er diese als besonders gefährdet ansah. Es begannen Kampagnen, um die dort lebende Bevölkerung zum Aufstand, besonders gegen die Muslime zu bewegen. Dazu wurden auch die Medien genutzt, die von ihm und seiner Partei instrumentalisiert wurden.[179] Das Interessante an diesem Punkt ist aber vielmehr, dass es anscheinend genau das war, was die Bevölkerung sich wünschte. Die Menschen nahmen ihn wie einen Popstar in Empfang, und sie unterstützten ihn[180]:

176 Vgl.: Husić, Sead: „Psychopathologie der Macht“, S. 40.

177 Vgl.: Malcolm, Noel: "Povijest Bosne", S. 282.

178 Vgl.: Naimark M. Norman: „Flammender Hass“, S. 183.

179 Vgl.: Melčić, Dunja: „Zwischen Pluralismus und Denkdiktat“, S. 321.

180 Husić, Sead: „Psychopathologie der Macht“, S. 40f.

> „Er entdeckte, dass er mit nationalistischer Propaganda die Massen ebenso gut manipulieren konnte, wenn er sie nicht vollständig von anderen Informationen als den parteieigenen abschnitt. [...] Er merkte, dass er den Serben nur das geben musste, was sie sich wünschten, und sie ihn damit als ihren Führenden akzeptieren würden."[181]

Mit der Anerkennung Bosnien-Herzegowinas als unabhängigen Staat kam es schließlich dazu, dass der Krieg ausbrach. Obwohl Slobodan Milošević ausschließlich der Präsident Serbiens war, verhandelte er auch im Namen der bosnischen Serben, und er bestimmte im Parlament mit.[182] Er versprach ihnen Beistand und sie an das Mutterland Serbien anzuschließen. Auch garantierte er ihnen, sich für ihre Souveränität in den anderen ehemaligen Staaten Jugoslawiens einzusetzen und ihnen dort eine Unabhängigkeit im Kleinen zu beschaffen.[183]

Der eigentliche Präsident der bosnisch-serbischen Bevölkerung in Bosnien, Radovan Karađić, soll laut Medienberichten und Literatur eine Art Strohmann für Milošević gewesen sein, durch den er Befehle aus Belgrad in Bosnien umsetzten ließ. Er war ein Anhänger Miloševićs und vertrat dessen Politik zu Beginn des Bosnienkrieges vehement, indem er ebenfalls öffentlich ausrief, dass die drei Volksgruppen nicht mehr friedlich zusammen leben könnten.[184]

> „Serben können nicht mit Muslimen und Kroaten zusammenleben. Ich habe Owen gesagt, dass man uns

181 Husić, Sead: „Psychopathologie der Macht", S. 40f.

182 Vgl.: ebd., S.76.

183 Vgl.: ebd., S. 88.

184 Vgl.: ebd., S. 170.

ebenso wenig in einen Sack stecken kann wie Hunde und Katzen."[185]

Die allgemeine Sichtweise der gesamten bosnischen Bevölkerung ist zusammenfassend die, dass Karađić wie auch Mate Boban im kroatischen Teil Bosniens mit Tuđman – zumindest bis 1994 – unter der Kontrolle Miloševićs stand und ausschließlich dessen Interessen dort vertrat. Karađić wird eine Art Hörigkeit gegenüber dem verstorbenen serbischen Präsidenten nachgesagt, die für alle offen zu erkennen gewesen sein soll.[186]

„Karađić je bio Miloševića naj obićnija marijoneta"[187]

Diese Situation soll sich jedoch ab 1994 geändert haben, indem Radovan Karađić anfing, immer öfter eigene Entscheidungen zu treffen.[188] Seine Rolle im Bosnienkrieg wird einerseits als die des Mörders und Kriegsverbrechers seitens der bosnischen Muslime und Kroaten und andererseits aus Sicht der Serben als die des Helden, der ihnen die Schaffung der Republik Serbien ermöglichte, gesehen.[189] Marko Lopušina fasst die gesamte serbische Sicht über ihn wie folgt zusammen:

„Prvi presednik moderne srpske države na bosanskom klu. Lider koji je žrtvao sebe za srpski narod i njegovu slobodu na pragu 21. veka. Pretvoren je voljom zapad-

185 Husić, Sead: „Psychopathologie der Macht", S. 170.

186 Vgl.: ebd.

187 „Karađić war nichts anderes als Miloševićs kleine Marionette." Lopušina, Marko: „Naj traženija srpska glava", S. 41.

188 Vgl.: ebd., S. 49.

189 Vgl.: ebd., S. 5.

> nim moćnjika u krivici i čovjeka koji se uzjenjuje srpski narod."[190]

Während der Kriegsjahre veränderte sich auch die Meinung über Slobodan Milošević demnach immer stärker. Ursache waren laut Literatur erstens Miloševićs Handlungen während der Kriegsjahre. Er wollte die bosnischen Serben 1993/1994 dazu bringen, den Owen-Stoltenberg-Plan zu unterschreiben, der Bosnien in 10 Kantone geteilt hätte. Da die Republik Serbien dies nicht tat, ließ die Regierung des Nachbarlandes Serbien ihre Grenzen nach Bosnien schließen und Somit wurde den bosnischen Serben jegliche Art von Hilfe versagt.[191] Aber auch die späteren Folgen wie die Bombardierung Serbiens ab 1999 werden ihm zur Last gelegt. Zweitens wurde die Besetzung der kroatisch-serbischen Gebiete in der kroatischen Krajina und die damit zusammenhängende Vertreibung der dortigen Serben als eine Art Verrat am eigenen Volk gesehen, denen er noch vor Beginn der Konflikte versprach, sich für sie einzusetzen. Die Menschen hätten begonnen gegen ihn zu protestierten und Parolen wie: *„Slobo, du hast die Krajina verraten."*, seien immer lauter geworden, wie der Krajina Führer Milan Martić berichtet.[192] Drittens stellt die extreme Entwicklung von Korruption und Betrug während seiner Amtszeit einen Faktor dar, den die Bevölkerung nicht verdaut zu haben scheint. Dieses wird ihm vor allem noch heute zum Vorwurf gemacht, da besonders seine Familie von solchen Machenschaften profitierte. Deren Angehöri-

190 „Er ist der erste Präsident eines modernen serbischen Staates auf dem Balkan; ein Führer, der sich selbst für sein Volk und dessen Freiheit auf dem Weg ins 21. Jahrhundert aufopferte. Von den westlichen Machthabern wurde er als Hauptschuldiger dargestellt, durch den das Volk lange Zeit erpresst wurde." Lopušina, Marko: „Naj traženija srpska glava", S. 5.

191 Vgl.: ebd., S. 49.

192 Husić, Sead: „Psychopathologie der Macht", S. 88.

ge gehörten zu den reichsten Personen des Landes. Es wurde ihnen nachgesagt ihren Besitz mit Hilfe krimineller Machenschaften erworben zu haben. Die Bereicherung an anderen, besonders der armen Bevölkerung während des Krieges, die am Existenzminimum lebte, um sich und seine Familie voranzubringen, führte dazu, dass sich ein großer Teil der Bevölkerung ab Mitte der 90er Jahre immer mehr von ihm abwandte.[193]

Heutzutage ist es schließlich so, dass die Bevölkerung durchaus gespalten zu sein scheint. Neben den vielen Befürwortern seiner Politik lassen sich auch sehr viele Kritiker finden, die ihn für den Krieg und die daraus entstandenen Probleme verantwortlich machen.[194] Borislav Jović fasst die Haltung der serbischen Bevölkerungen wie folgt zusammen:

> „Po jednim tumačenjima, on je bijo najveći branitelj Jugoslavije, po drugima – najveći krivac zu njen raspad; najveći borac za interese srpskog naroda i najveći vinovnik njegove zle sudbine; najveći zagovornik ravnopravnosti naroda i glavni krivac za etničko čišćenje i genocid, ratobornik i mirotvocac; zaštitnik nezavistnosti i odgovoran za NATO bombardovanje i dolazak strani trupa na ove prostore; diktator za čije je vladavine uvedena višepartijska parlamentarna demokratija; zagovornik sozialne pravde i odgovoran za veliku korupciju itd."[195]

193 Vgl.: Jović, Borislav: "Od Gazimestana do Haga", S. 8ff.

194 Vgl.: ebd., S. 8.

195 „Einigen Meinungen nach war er der größte Beschützer Jugoslawiens. Anderen zufolge war er der Hauptschuldige für den Zerfall; der stärkste Kämpfer für die Interessen des serbischen Volkes und ein Herrscher über dessen Schicksal; der größte Führsprecher für eine Gleichheit des Volkes und der Hauptverantwortliche für den Genozid und die ethnischen Säuberungen; Kämpfer und Friedensstifter, Beschützer der Unabhängigkeit und Verantwortlicher für die NATO-

Das Schwinden seiner Macht, gerade während des Bosnienkrieges in Bosnien-Herzegowina selbst, bemerkten auch die westlichen Politiker zunehmend. Der amerikanische Diplomat Herberta O Kuna äußerte 1994 öffentlich die Behauptung, dass Slobodan Milošević seine Macht in Bosnien verspielt habe, da seine Entscheidungen bezüglich des Landes von den Menschen nicht mehr unterstützt würden. Zudem kam es immer wieder zu Aufständen und Vertragsbrüchen durch die Bevölkerung.[196] Er beschreibt Miloševićs Werdegang schließlich in einem Satz:

> „Milošević je izrastao na krilima i na raspoloženju javnosti. Njega je narodna podrška podigla do neba, kao što ga je na kraju njegove političke karijere strmoglavila na samo dno."[197]

Von gegnerischer Seite wurde und wird Slobodan Milošević als extremer Nationalist und Verbrecher gesehen. Sein Aufhetzen der serbischen Bevölkerung, um ein rein serbisches Gebiet in Bosnien zu erhalten, wird als Hauptgrund für den Ausbruch des Krieges gesehen. Weiter wirft man ihm vor, nur an sich und seine Belange gedacht zu haben und die Befehle für die geschehenen Verbrechen im Bosnienkrieg wie ethnische Säuberungen oder Morde in Auftrag gegeben zu haben[198], was schließlich dazu führte, dass er als erster Präsident

---

Angriffe samt dem Erscheinen ausländischer Truppen in bestimmten Gebieten; Führsprecher für soziale Gerechtigkeit und verantwortlich für die starke Entwicklung der Korruption." Jović, Borislav: "Od Gazimestana do Haga", S. 8..

196 Vgl.: ebd., S. 374.

197 „Milošević ist wie auf Flügeln durch die öffentliche Zustimmung erwachsen. Allein durch die Unterstützung der Bevölkerung wurde er in den Himmel erhoben, um am Ende seiner politischen Kariere von dieser wieder auf den Boden der Tatsachen zurückgeholt, um fallengelassen zu werden." Ebd., S. 25..

198 Vgl.: ebd, S. 32ff.

weltweit noch während seiner Amtszeit als Kriegsverbrecher angeklagt wurde.[199] Er selbst bestritt stets solche Dinge getan zu haben. Immer wieder distanzierte er sich öffentlich von diesen Beschuldigungen und seiner Mitwirkung im Bosnienkrieg, auch während seines Verfahrens vor dem internationalen Kriegsverbrechertribunal in Den Haag.[200] Allerdings ist es Faktum, dass gerade zu dieser Zeit die Medien voll von Berichten über ihn waren. Dabei hing es nur davon ab, welche Position sie einnehmen. Auf serbischer Seite propagierten die Medien zum Teil für und zum Teil gegen ihn, schaut man sich jedoch bosnisch muslimische und -kroatische Berichterstattungen an, dann fällt auf, dass er einstimmig als Kriegsverbrecher und Mörder gesehen wurde und wird. Dieses Phänomen der Dämonisierung seiner Person lässt sich allerdings bei allen drei beteiligten Seiten feststellen, wie ich während meiner Recherchearbeit festgestellt habe.

Slobodan Milošev*ić*s Rolle ist demnach mit der Franjo Tuđmans gleichzusetzten, da beide im Namen der jeweiligen bosnischen Volksgruppe aus den Mutterländern Kroatien und Serbien in diesem Zusammenhang in der Literatur stets genannt werden, zum Teil direkt und auch indirekt über Teile Bosniens mitentschieden und somit herrschten. Indem sie über die dortigen Politiker bestimmten und ihnen die zu begehenden nächsten Schritte diktierten, stellten sie die eigentlichen Machthaber des Landes dar. Seine Rolle im Krieg war demnach die des Drahtziehers, der das Volk indirekt auf den Krieg einstellte, sie in diesen führte, und am Ende, durch Druck der UNO, wieder fallen ließ![201]

199 Vgl.: http://www.spiegel.de/politik/ausland/0,1518,24729,00.html.

200 Vgl.: Ihlau, Olaf/Mayr, Walter: „Mienenfeld Balkan“, S. 107.

201 Vgl.: Jović, Borislav: "Od Gazimestana do Haga", S. 25ff.

### 3.1.4 Milošević und Tuđman – war es Hass oder doch heimliche Zusammenarbeit?

Welche Positionen und Rollen die oben genannten Männer während des Bosnienkrieges von 1992 bis 1995 spielten, wurde in den Kapiteln zuvor erörtert. Auch ihre Meinungen über einander wurden darin erwähnt, dennoch bleibt ein Punkt offen: Einer näheren Untersuchung bedarf es auch festzustellen, wie diese Männer miteinander und untereinander agierten bzw. kommunizierten. Insgesamt lässt sich eine gewisse Abneigung dieser drei politischen Führer festhalten, die aufgrund von starkem Nationalismus und eigenen Interessen immer stärker entflammte und auf die bereits im Kapitel zuvor etwas eingegangen wurde. Umso überraschender ist es festzustellen, dass diese Männer dennoch sehr wohl in bestimmten Bereichen zusammenarbeiteten und sich in regelmäßigen Abständen miteinander verbündeten.[202]

Zweifelsohne lässt sich festhalten, dass der serbische Präsident Slobodan Milošević und der kroatische Präsident Franjo Tuđman häufig gegen den bosnisch -muslimischen Präsidenten Alija Izedbegović arbeiteten und diesen politisch bewusst ignorierten.[203] Ab einem gewissen Zeitpunkt, ungefähr ab Ende 1993, änderte sich diese Situation allerdings und der bosnisch-muslimische und der kroatische Präsident schlossen sich offen zusammen. Sie gingen gegen die serbische Seite vor, was im Schwinden Miloševićs Macht zu dieser Zeit begründet sein könnte, aber vor allem mit der offiziellen Ausrufung der *Herzeg-Bosna*, die die Serben als Provokation ansahen, zu erklären ist.[204]

202 Vgl.: Čalić, Janine Marie: „Das Ende Jugoslawiens", S. 28ff.

203 Vgl.: ebd.

204 Vgl.: ebd.

Aber auch die serbische und die muslimische Seite arbeiteten auf vielen Gebieten gegen die bosnischen Kroaten zusammen, wie die Balkanexpertin Janine Marie Čalić immer wieder in ihren Publikationen zusammenfasst. Sie berichtet von immer wiederkehrenden kleineren Bündnissen der drei Parteien untereinander. Dabei schlossen sich während des Krieges immer wieder neue Konstellationen zusammen, bei denen manchmal Serben mit Muslimen, Muslime mit Kroaten oder Kroaten mit Serben kämpften, obwohl in einem anderen Gebiet Bosniens dieselben zusammenkämpfenden Partner gegeneinander agierten. Ein miteinander übereinkommendes Zusammenspiel verschiedener Seiten war im Bosnienkrieg nicht lange gegeben. Es hing einzig und allein von der Region und den dortigen Befehlshabern ab, wer mit wem und wer gegen wen kämpfte.[205]

Durch Berichte außenstehender Korrespondenten, auf die sich die von mir verwendete Literatur bezieht, weiß man, dass Tuđman und Milošević stets freundschaftlich miteinander umgingen. Bei verschiedenen Treffen bezüglich Friedensverhandlungen wurde dies sehr wohl deutlich, indem die beiden ihre Zeit immer miteinander verbrachten, zusammen aßen, Karten spielten oder abends in gemütlichen Runden tranken. Izedbegović wurde dabei komplett außen vor gelassen und galt in dieser Konstellation als eine Art Ausgestoßener, gegen den agiert wurde, obwohl er zu diesen Zeitpunkten offiziell in Bündnisverträgen mit Tuđman stand. Er selbst soll immer auf die offensichtliche Beziehung hingewiesen und auf die auffällig intime und freundliche Umgangsweise der beiden anderen Präsidenten aufmerksam gemacht haben.[206] Richard Holbrooke, UN-Sondergesandter im Bosnienkrieg, sagte:

205 Čalić, Janine Marie: „Das Ende Jugoslawiens", S. 28ff.

206 Vgl.: Husić, Sead: „Psychopathologie der Macht", S. 90.

> „Im Gegensatz zu Izedbegović genossen sie gerade zu die Wochen in Dayton, Tuđman spielte Tennis und Karten, Milośević genoss ausgiebige Gelage und richtete einen Stammtisch in dem Restaurant des Luftwaffenstützpunktes von Dayton ein."[207]

Dies führte dazu, dass Gerüchte über eine mögliche Zusammenarbeit der Serben und Kroaten gegen die bosnischen Muslime entstanden, welche mittlerweile jedoch auch durch Aufzeichnungen belegt worden sind. Besonders die muslimische Seite warf diesen Sachverhalt immer wieder auf den Tisch, indem sie behauptete, es sei von vornherein gegen sie gearbeitet worden. Sead Husić bemerkt, dass ein erstes Treffen der beiden Präsidenten bereits am 25. März 1991 stattgefunden haben soll, also mehr als ein Jahr vor dem Ausbruch des Bosnienkrieges, was auf eine lange und feste Zusammenarbeit schließen lässt.[208] Auch widerlegt Sead Husić damit Tuđmans oft geäußerte Aussagen, er wäre für Gespräche mit den Muslimen immer bereit und stimmte einer Zusammenarbeit unter den richtigen Umständen jeder Zeit zu, was letzten Endes 1994 auch offiziell eintrat.[209] Weiter nimmt er den bosnischen Vorwurf in sein Buch auf, dass Franjo Tuđman von Milošević beeinflusst worden sein soll, indem ihn dieser, noch mehr als er es bereits gewesen sei, gegen die Muslime aufgewiegelt habe.[210] Die beiden Autoren Duško Doder und Luise Branson schrieben einmal über die Beziehung der beiden:

207 Husić, Sead: „Psychopathologie der Macht", S. 206.

208 Vgl.: ebd., S. 142.

209 Vgl.: ebd.

210 Vgl.: Čalić, Janine Marie: „Das Ende Jugoslawiens", S. 28ff., S. 142.

> „Auf seltsame Weise waren die beiden Männer zusammengewachsen."[211]

Die beiden Präsidenten verneinten den Inhalt solcher Beschuldigungen offiziell jedoch immer vehement, genauso wie den Vorwurf, sie arbeiteten gemeinsam gegen die Muslime und stellten geheime Pläne zur Aufteilung Bosniens her. Einzig einige Treffen, um den Krieg zu beenden bzw. diesen nicht zu weit ausarten zu lassen, bestätigten sie. Franjo Tuđman bekräftigte dies in einem 1993 geführten Interview mit dem *Spiegel*, indem der Reporter auf den in den Medien kursierenden Vorwurf reagierte und den damaligen Präsidenten direkt dazu befragte:

> „Es gab nie geheime Absprachen zwischen Zagreb und Belgrad. Es gab nur Gespräche mit dem Ziel, einen Kriegsausbruch zu verhindern, ohne Erfolg."[212]

Die muslimische Seite besteht jedoch fest auf die Wahrheit jener Behauptungen und führt dazu Aussagen Tuđmans aus dem Jahr 1991 an, mit denen der kroatische Präsident sehr wohl über eine Aufteilung Bosniens zugunsten Serbiens und Kroatiens argumentiert habe. Der Zeitung *Slobodna Dalmacija* sagte er:

> „Ein serbisch-kroatisches Abkommen über die Teilung Bosnien-Herzegowinas würde beinhalten, dass Serbien das Seine bekäme – diesseits der Drina und gleichzeitig werde sich Kroatien seine Teile anschließen. Die Muslime erhielten einen Teil von Bosnien, indem sie die Macht stellten. Dieses würde eine Pufferzone zwischen Kroatien und Serbien bilden, und somit würde das koloniale Gebilde Bosnien-Herzegowina verschwinden."[213]

211 Naimark, Norman M.: „Flammender Hass", S. 213.

212 Der Spiegel, Heft 5/1993, S. 131.

213 Husić, Sead: „Psychopathologie der Macht", S. 150.

Zeitungen und Insider berichten dagegen von insgesamt 47 solcher Geheimtreffen[214], die alleine zur Aufteilung Bosniens gedient haben sollten, um, wie es *der Spiegel* in einem Artikel schreibt, die Errichtung eines islamischen Gottesstaates auf dem Balkan zu verhindern. Auch sollen sich ihre Stellvertreter Karađić und Boban stellvertretend für sie an solchen Treffen beteiligt haben.[215] Obwohl die beiden Parteien alles bestreiten, deuten viele Punkte dennoch darauf hin, wie z.B. die Tatsache, dass Slobodan Milošević und Franjo Tuđman der UNO 1993 einen Friedensplan präsentierten, den sie gemeinsam ausgearbeitet hatten und der die Aufteilung Bosniens in drei Gebiete beinhaltete, von denen die serbisch und kroatisch bewohnten an die Mutterländer Serbien und Kroatien angeschlossen werden sollten. Dies lehnte der bosnisch-muslimische Präsident sofort ab, da es seiner Politik des gemeinsamen Bosniens wiedersprach.[216]

Aber auch Alija Izedbegović merkte man eine deutliche Abneigung, besonders gegen den serbischen Präsidenten Milošević, an. Deutlich wurde dies während der Friedensverhandlungen in Dayton, wie ein weiteres Zitat Richard Holbrookes zeigt:

> „Während der Verhandlungen in Dayton zeigte sich, dass Izedbegović eine offene Abneigung gegen Milošević und Tuđman hatte. Er wusste, dass hinter seinem Rücken die beiden Männer die Aufteilung Bosniens beschlossen hatten und seine Armee mehrmals an den Rand einer Niederlage brachten. [217] [...] Bei einem Essen fiel auf, wie ablehnend Izedbegović und die gesamte bosnische Delegation sich gegenüber Milošević verhiel-

214 Vgl.: Husić, Sead: „Psychopathologie der Macht", S. 151.

215 Vgl.: Der Spiegel, Heft 2/1996, S. 117.

216 Vgl.: Antholz, Birger: „Bosnienkrieg", S. 72.

217 Husić, Sead: „Psychopatholgie der Macht", S. 205.

ten. Hier saßen sich echte Feinde gegenüber. Tuđman und Milošević verhielten sich jedoch kumpelhaft, wie Komplizen."[218]

Diese Abneigung soll er auch Jahre später in seinen Memoiren geschildert haben, wie Sead Husić berichtet.[219] Zusammenfassend lässt sich an dieser Stelle sagen, dass eine deutliche Tendenz zu erkennen ist. Die häufigen Treffen der serbischen und kroatischen Seite, die mit insgesamt 47 gezählt werden, lassen darauf schließen, dass ein gewisses gemeinsames Interesse der beiden Parteien vorhanden gewesen sein muss. Dass die muslimische Seite dabei außen vor gelassen wurde, deutet auf eine eindeutige Antipathie hin, die von den bosnischen Muslimen so bestätigt wird.

## 3.2 Vertreibung, Vergewaltigung und Mord – Warum?

### 3.2.1 Die Vorbereitung zum Bosnienkrieg – eine Motivsuche

Wenn man über den Bosnienkrieg spricht, dann wird oft von einem Bruder-, Aggressions- oder Bürgerkrieg gesprochen. Von letzterem reden die Serben, wobei die beiden anderen Parteien, Kroaten und Bosniaken, immer von einem bewussten Aggressionskrieg gegen sie sprechen.[220] Mögliche Ursachen dafür wären die Art und Weise, wie dieser Krieg geführt wurde und um was für Beteiligte es sich dabei handelte. Das Grausame daran ist nämlich die Tatsache, dass es sich bei

218 Husić, Sead: „Psychopatholgie der Macht", S. 206.

219 Vgl.: ebd., S. 205.

220 Vgl.: Čalić, Marie Janine: „Krieg und Frieden in Bosnien Herzegowina", S.220.

den aktiv handelnden Akteuren, neben den regulären Armeen, hauptsächlich um Paramilitärs, bestehend aus Bekannten, Freunden, ehemaligen Schulkameraden und Nachbarn handelte, die plötzlich zu Feinden wurden und eine Gefahr für das eigene Leben darstellten. Nichtsdestotrotz waren es genau diese Menschen, die zu den brutalsten Taten fähig waren, ohne wirkliche Gründe dafür vorweisen zu können.[221] Daher ist es gut nachvollziehbar, dass alle Seiten, sowohl die drei beteiligten Parteien der Serben, Kroaten und Bosnier, wie auch die westlichen Beobachter immer wieder hervorheben, dass der wahre Leidtragende in Wirklichkeit nur die Bevölkerung gewesen sei, die ohne wirklich greifbaren Grund zum Hauptgegenstand des Krieges wurde.[222] Der US-amerikanische Journalist des *Wall Street Journals*, Ed Vulliamy, war zu dieser Zeit in Bosnien, und er schrieb während des Krieges Folgendes:

> „Der Krieg habe sich stärker gegen die Zivilbevölkerung gerichtet als gegen seine Armee. Sehr wenig von dem, was in Bosnien geschah, lässt sich als Krieg zwischen Armeen beschreiben."[223]

Während der Sichtung der Literatur habe ich versucht, mögliche Erklärungsansätze bezügliche eines Motivs herauszuarbeiten, was mich relativ schnell zu der begründeten These gebracht hat, dass es sich im Bosnienkrieg eigentlich immer nur um eins drehte: Welche Volksgruppe und Religion ist hier die Stärkste, und welche der drei hat es am ehesten verdient, über das Land Bosnien-Herzegowina zu herrschen. Dabei wurden gezielt Methoden verwendet, die die Menschen auf eine ganz bestimmte Seite locken sollten, um für das angestrebte Ziel

221 Vgl.: Duve, Freimut: „Srebrenica-Völkermord nach der UNO Konvention", S. 59.

222 Vgl.: Naimark, Norman M.: „Flammender Hass", S.216.

223 Ebd.

der Politiker, welches dem Volk allerdings als etwas Kollektives bzw. Gemeinschaftliches verkauft wurde, zu kämpfen.

Plötzlich aufgekommener Nationalismus in Verbindung mit jahrelang unterdrückter Feindseligkeit im Tito-Regime führten schließlich Anfang der 90er Jahre zu diesem brutalen Krieg in Bosnien-Herzegowina.[224] In diesem Punkt sind sich alle Akteure einig. Inwieweit sich die drei großen betroffenen Parteien aber über den Grad ihrer Mitschuld wirklich bewusst sind, soll in einem anderen Kapitel dieser Arbeit thematisiert werden.

Während des Tito-Regimes bestand die Föderation Jugoslawien, wie bereits erwähnt, aus sechs autonomen Staaten, die einen Leitspruch verfolgten, nämlich Brüderlichkeit. Die Großgruppenidentität sollte dabei im Vordergrund stehen.[225] Alle sollten zusammen leben können, egal welcher Nationalität sie angehörten. Wer dagegen verstieß wurde schnell umerzogen.[226]

> „Titos Lösung bestand darin, jeder Nationalität ihr eigenes Territorium und ihren eigenen Regierungsapparat zu geben. Nach sowjetischem Muster sollten diese Einheiten <<eine nationale Form und einen sozialistischen Inhalt>> haben, was bedeutete, dass der Bund der Kommunisten als Repräsentant der sozialistischen Zukunft durch das leninistische Prinzip des demokratischen Zentralismus garantierte. [...] Die Geheimpolizei sollte nationalistische Abweichungen im Zaum halten."[227]

224 Vgl.: Naimark, Norman M.: „Flammender Hass", S.183.

225 Vgl.: Husić, Sead: „Psychopathologie der Macht", S. 12.

226 Vgl.: Naimark, Norman. M: „Flammender Hass", S. 183.

227 Ebd.

Nach dem Tod Titos sollte sich das schlagartig ändern, indem plötzlich jede Volksgruppe nur an sich dachte. Als es dann 1990 zum ersten Mal zu freien demokratischen Wahlen kam, waren die Ergebnisse eindeutig. Jede Bevölkerungsgruppe stimmte für ihre nationale Partei ab, was aus der demokratischen Wahl eine eher national ausgerichtete machte.[228]

Doch wie war das möglich? Die Menschen wurden seit Ende der 80er Jahre mit bestimmten Gedanken und Vorstellungen über mögliche Veränderungen der kommenden Jahre verängstigt, dass sich der ohnehin schon vorhandene Nationalismus mit alten Vorurteilen verband und immer weiter ausbreitete, um die Menschen gegeneinander aufzuhetzen. Dieser neue Nationalismus war plötzlich überall zu spüren und die Menschen wurden mit alten Geschichten heroischer Kämpfer konfrontiert, die Jahrhunderte zuvor für ihr Land gekämpft und es von den Besatzern befreit hatten.[229] Es wurde an die Ehre der Männer appelliert, die sich für ihr Vaterland einsetzen sollten.[230] Besonders die Serben nutzten dabei die legendären Geschichten um den Befreiungskampf von den Türken und denjenigen gegen die Nationalsozialisten im Zweiten Weltkrieg, um ihre Landsleute zu mobilisieren. Sie warfen den Bosniaken vor, Bosnien-Herzegowina islamisieren zu wollen, wobei sie Aussagen und Publikationen führender bosnischer Politiker wie des ehemaligen Präsidenten Alija Izedbegović als Grundlage für ihre Behauptungen anführten. Sie verglichen dabei die Bosniaken mit den Osmanen und die Kroaten setzten sie in Bezug mit den Ereignissen in den 40er Jahren, als sich diese an die Seite Adolf Hitlers stellten und in seinem Namen tausende Serben umbrachten. Um

228 Vgl.: Čalić, Marie Janine: „Das Ende Jugoslawiens", S. 27ff.

229 Vgl.: Elsässer, Jürgen: „Kriegslügen", S. 59ff.

230 Čolović, Ivan: „Symbolfiguren des Krieges", S. 311ff.

diesen Situationen nicht noch einmal ausgesetzt zu sein, riefen sie die Menschen dazu auf, sich zu wehren.[231]

Die Bosniaken dagegen propagierten immer wieder ihr Recht auf Eigenständigkeit, um sich den Serben und Kroaten sowohl politisch wie auch kulturell nicht mehr unterordnen zu müssen. Diese hätten bereits zu Zeiten der Föderation mehr Rechte besessen, was nun endlich beendet werden solle. Sie forderten eine höhere Anerkennung ihrer Religion und Kultur. Mit Schriften wie der *Islamischen Deklaration* machten sie öffentlich darauf aufmerksam, dass dies nur in der Unabhängigkeit des Landes zu finden sei. Dies sahen die anderen beiden Parteien wiederum als Provokation an.[232]

Die bosnischen Kroaten sahen dagegen bestimmte Teile Bosniens als Eigentum Kroatiens an. Sie drängten immer mehr mit dem Ziel in die Öffentlichkeit, diese Gebiete an das Land Kroatien angliedern zu wollen, um ein Großkroatien schaffen zu können. Den Vorwurf der drohenden Islamisierung durch die Bosniaken verbreiteten sie ebenfalls.[233] Dadurch wurde auf allen Seiten Angst und Wut geschürt, was wiederum alte und neue Vorurteile erwachen ließ.[234] Norman M. Naimark schreibt in seinem Buch *Flammender Hass* Folgendes hierzu:

> „Serben behaupteten gegen kroatische „Ustašas" und bosnische Faschisten zu kämpfen, Kroaten und bosnische Muslime sahen sich durch serbische Četniks bedroht."[235]

231 Vgl.: Čolović, Ivan: „Symbolfiguren des Krieges", S. 313.

232 Vgl.: Čalić, Janine Marie: „Krieg und Frieden in Bosnien Herzegowina", S. 75ff.

233 Vgl.: Husić, Sead: „Psychopathologie der Macht", S. 150.

234 Vgl.: Čalić, Janine Marie: „Krieg und Frieden in Bosnien Herzegowina", S. 57.

235 Naimark, Norman M.: „Flammender Hass", S. 176.

Die Medien taten ihr Übriges, indem sie von den Parteien instrumentalisiert wurden.[236] Plötzlich war Tag und Nacht nur von drohender Islamisierung, jahrelanger Unterdrückung bestimmter Volksgruppen oder der drohenden Aufspaltung des Landes zu hören.[237] Annekatrin Mroska, die sich mit dem Thema Kriegsverbrechen im Bosnienkrieg auseinandersetzt, hat in diesem Zusammenhang eine betreffende Bemerkung gemacht, die den Kern des Problems wie folgt zusammenfasst:

> „Jede Kriegspartei vergewaltigt die Realität zu ihren Gunsten mit Hilfe ihrer eigenen nationalistisch geprägten Propagandamaschinerie bzw. durch die von ihr kontrollierten Medien. In diesem schmutzigen Krieg kann man nur eins feststellen: Die Wahrheit war das erste Opfer des Balkankrieges. Die Zivilbevölkerung aller drei Nationalitäten ist von allen Kriegsseiten als Kriegsmittel benutzt worden. [...] Durch die Darstellung von brutalen Verbrechen, durch die Darstellung vor allem auch der Opfer, wurden bei der Bevölkerung Ängste und Rachegefühle ausgelöst."[238]

Die schlechte wirtschaftliche Lage des Landes trug nicht gerade zur Verbesserung der Situation bei. Seit Mitte der 80er Jahre, also ab dem Tod Titos, verschlechterte sich die Situation in Bosnien-Herzegowina zunehmend. Themen wie Arbeitslosigkeit, die gerade bei der jungen Generation enorme Zahlen aufwies, da fast jeder Zweite arbeitslos war, und eine drohende Inflation brachten die Menschen dazu, alles zu glauben, was man ihnen erzählte. Reden großer Politiker, die ihnen Verbesserung in allen Lebensbereichen versprachen und deklamierten, dass die Situation durch die gewollten Verän-

236 Vgl.: Naimark, Norman M.: „Flammender Hass", S. 192.

237 Ebd.

238 Mroska, Annekatrin: „Frauen fliehen vor dem Krieg", S. 47f.

derungen der gegnerischen Seiten nur schlimmer würde, führten die Menschen in immer tiefere Zuneigung zu ihrer jeweiligen nationalistischen Partei. Der Ruf nach Zusammenhalt, als einziger Ausweg aus der Misere, schweißte zusammen. Die Folge war, dass die drei ethnischen Großgruppen ihren jeweiligen Führern alles glaubten und bereitwillig folgten.[239]

> „Armut, Arbeitslosigkeit und enttäuschte Erwartungen führten viele Menschen dazu, die nationalistischen Parteien zu unterstützen."[240]

Aus den ohnehin bereits vorhandenen Vorurteilen wurden nun ethnisch begründete, die sich wiederum zu klaren stereotypischen Feindbildern entwickelten und bewusst eingesetzt wurden, um die Gegner zu dämonisieren und die eigenen politischen Ziele zu erreichen.[241]

> „Feindbilder sind von Nöten, um die eigenen Kriegsziele zu legitimieren, Soldaten zu motivieren und die Tötungshemmungen abzubauen. Kriege funktionieren nur, wenn das Mitgefühl stirbt."[242]

Zum täglichen Leben gehörten nun Propaganda und Manipulation. Der Chefunterhändler der Europäischen Gemeinschaft Lord Owen sagte einmal:

239 Vgl.: Elsässer, Jürgen: „Kriegslügen", S. 10.

240 Naimark, Norman M.: „Flammender Hass", S. 192.

241 Vgl.: Mroska, Annekatrin: „Frauen fliehen vor dem Krieg", S. 47.

242 Čalić, Janine-Marie: „Krieg und Frieden in Bosnien Herzegowina", S. 111.

> „Nie zuvor habe ich in solch einer Atmosphäre gearbeitet, die so sehr von Unredlichkeit, Propaganda und Täuschung geprägt war."[243]

Der erste UN-Sonderberichterstatter Tadeusz Mazowiecki äußerte sich im August 1992 weiter dazu:

> „Gerüchte und Desinformationen sind nicht nur allgemein verbreitet, sondern auch ein Hauptbestandteil der Problematik des aktuellen Balkankonflikts, insofern sie erheblich dazu beitragen, Hass- und Rachegefühle zu schüren, Vergeltungstrieb anzustacheln. [...] Die Bevölkerung im Allgemeinen verfügt über keine vertrauenswürdige und objektive Informationsquelle."[244]

Nach einiger Zeit hörte man schließlich auch immer wieder von begangenen Verbrechen gegen die Zivilbevölkerung, was den Hass immer stärker aufkommen ließ und Rachegefühle schürte. Die durch die Medien und Politiker propagierten Informationen wurden in den Augen der Menschen somit nur bestätigt. Man begann, sich immer mehr auf die Seite der eigenen Volksgruppe zu stellen, ganz gleich, ob man vorher vielleicht mit Mitgliedern der anderen Gruppen befreundet war.[245] Die, die sich dem nicht hingaben, wurden als Verräter angesehen und verließen bei Möglichkeit entweder das Land oder wechselten zum gegnerischen Lager über. Schließlich kam es auch immer häufiger zu Zusammenschlüssen von Gruppen, die loszogen, um sich, die Familie oder die eigene Volksgruppe zu rächen, was dann wiederum zu neuen Racheakten seitens der betroffenen anderen Seiten führte. Dies setzte sich zuletzt bis zum Ende des Bosnienkrieges 1995 fort.

243 Ihlau, Olaf/Mayr, Walter: „Mienenfeld Balkan", S.103.

244 Čalić, Janine-Marie: „Krieg und Frieden in Bosnien Herzegowina", S. 113.

245 Vgl.: Mroska, Annekatrin: „Frauen fliehen vor dem Krieg", S. 47.

Es entwickelte sich eine nicht endende Gewaltspirale. Gerade dadurch geschahen laut UN-Berichten die meisten Verbrechen an der Zivilbevölkerung. [246] Paramilitärische Einheiten spielten hierbei eine ganz besondere Rolle, auf die im nächsten Punkt näher eingegangen wird.

Zusammenfassend kann man an diesem Punkt sagen, dass die Mobilmachung der Bevölkerung zum festen Bestandteil in der Bosnienpolitik gehörte. Indem man an die Pflichterfüllung der Männer gegenüber ihrem Volk und Land appellierte, die Schuld vorherrschender Probleme anderen zuwies und Ängste über die Zukunft des Landes verbreitete, zog man die Menschen immer stärker in den Sog des Konflikts. Durch ständige Propaganda wurden diese Gefühle und Gedanken zunehmend verstärkt, bis es schließlich zu den ersten Kämpfen kam.[247]

### 3.2.2 Die Paramilitärs – „Kämpfer für das Volk oder einfach nur Männer für die schmutzigen Arbeiten?“

Die Situation im Land war angespannt und die Menschen wussten nicht, was demnächst auf sie zukommen würde, daher fingen viele an, sich zu bewaffnen. Aufgrund der in der Literatur ausgewerteten Zeugenaussagen weiß man, dass sich nahezu jeder Haushalt mit Waffen versorgte, um im Notfall ausgerüstet zu sein.[248] Neben diesen Veränderungen kam es jedoch auch schnell dazu, dass sich immer mehr junge Män-

246 Vgl.: Mroska, Annekatrin: „Frauen fliehen vor dem Krieg“, S. 47f.

247 Vgl.: ebd., S.48.

248 Vgl.: Čalić, Janine Marie: „Krieg und Frieden in Bosnien Herzegowina“, S. 89.

ner militärischen Verbänden bzw. Kampftruppen anschlossen. Durch Befragungen und Verhöre vor dem Den Haager Kriegsverbrechertribunal weiß man, dass es sich in den Anfängen eher um kleinere Verbände handelte, die in ihren Ortschaften oder Gemeinden auftraten, und in erster Linie eine Schutzfunktion dieser einnahmen.[249] Weiter ist durch diese Informationen auch bekannt, dass die Kleingruppen auf allen drei Seiten, also sowohl auf serbischer, kroatischer wie auch bosnischer Seite auftraten, was diese wiederum nicht leugnen. Sie geben die Gründung als Schutzmaßnahmen durchaus zu. Dass diese Verbände jedoch Straftaten im Auftrag der Regierungen begangen hätten, verneinen alle drei vehement. Wenn dies doch vorgekommen sein sollte, dann habe es sich um unkontrollierbare Kriminelle gehandelt, die man nicht unterstützt habe, so die Verlautbarungen der Regierungen.[250] Die Gegner wurden dagegen als „Tiere" bezeichnet, die unmenschlich vorgegangen seien und die schlimmsten Taten verübt hätten.[251] Diese Aussagen stehen jedoch im Gegensatz zu Berichten ehemaliger UN-Diplomaten, in denen festgestellt ist, dass diese den Regierungen zugehörigen Gruppen zum Teil sehr wohl Straftaten wie Raub oder Körperverletzung begangen, meist um sich zu bereichern.[252]

> „Der Wahrheit zu Liebe muss gesagt werden, dass tatsächlich jede von ihnen Gewalt zur Lösung ihrer ′nationalen Frage′ angewendet hat, wobei durchaus nicht immer die Konventionen des Krieges beobachtet wurden. [...] Die Verbrechen auf der einen Seite der Waagscha-

249 Vgl.: Čalić, Janine Marie: „Krieg und Frieden in Bosnien Herzegowina", S. 89.

250 Vgl.: Ihlau, Olaf/Mayr, Walter: „Minenfeld Balkan", S. 99.

251 Vgl.: Popov, Nebojša: „Die Hervorhebung des Bösen und Guten", S. 134.

252 Vgl.: ebd., S. 133f.

> le verlieren alles Konkrete und werden mit den ebenso rücksichtslosen Verbrechen auf der anderen Seite gemessen und gerechtfertigt."[253]

Welche Verbrechen jedoch genau verübt wurden, soll in einem späteren Kapitel näher beschrieben werden. Viele dieser Verbände wurden im Laufe der Zeit immer größer und strukturierter oder sie schlossen sich dem regulären Militär an.[254] Nicht selten handelte es sich bei den Mitgliedern der Einheiten um junge perspektivlose Männer, die sich durch den Beitritt zu einer solchen Organisation einen bestimmten Ruf erarbeiten oder für ihr Land kämpfen wollten. Meist waren es aber Kriminelle, die in diesen Gruppierungen die Gelegenheit sahen, sich zu profilieren und zu schnellem Geld zu kommen. Insgesamt unterstützten sie die regulären Einheiten im Einsatz, denn meist waren sie für die unangenehmen Arbeiten zuständig.[255]

In ganz Bosnien formierten sich im Laufe der Zeit dutzende kleinere Einheiten, die sich als Beschützer ihrer Nation sahen und auf alles vorbereitet waren. Zu diesen kleineren Einheiten stießen jedoch schnell große und organisierte Paramilitärs hinzu, die eine militärische Ausbildung in der ehemaligen JNA durchlaufen hatten und somit regulären Armeen in nichts nachstanden. Meist waren ihre Kommandeure gut ausgebildete und sehr erfahrene Soldaten bzw. ehemalige Militärmitglieder, die in der *JNA* hohe Positionen inne hatten, wie z.B. der Kommandant der *Freiwilligen Serbischen Garde* Arkan Ražnjatović oder der Kommandant einer der bosnischen Einheiten Naser Orić.[256] Ein weiterer und vielleicht auch der

253 Popov, Nebojša: „Die Hervorhebung des Bösen und Guten", S. 134.

254 Vgl.: Ihlau, Olaf/Mayr, Walter: „Minenfeld Balkan", S. 89ff.

255 Vgl.: ebd., S. 199ff.

256 Vgl.: ebd., S. 201.

gravierendste Unterschied zu den kleineren Paramilitärs war jedoch die Tatsache, dass die großen, im Bosnienkrieg agierenden paramilitärischen Einheiten von den Innenministerien Bosniens, Kroatiens und auch Serbiens sowohl finanziell als auch politisch indirekt unterstützt wurden.[257] Man kann sich hier vermutlich die Frage stellen, was die Länder Kroatien und Serbien hiermit zu tun hatten. Die Frage lässt sich sehr schnell beantworten. Durch die Abhängigkeit und auch Zusammenarbeit, sowohl der serbischen Bosnier mit Serbien als auch der kroatischen Bosnier mit Kroatien, waren es diese beiden Länder, aus denen zuallererst die militärische und finanzielle Unterstützung für die kämpfenden Truppen kam; und es waren auch diese Länder, aus denen die gefährlichsten paramilitärischen Einheiten nach Bosnien kamen. Durch ihre Mutterländer, wie ich sie nennen möchte, unterstützt und gefördert gingen sie nach Bosnien, wo sie einheimische Freiwillige rekrutierten und die schlimmsten Verbrechen begingen – dies alles mit der Begründung, für ihr Volk und Land kämpfen zu wollen.[258]

Selbstverständlich unterschieden sich diese Gruppierungen von den kleineren und auch voneinander. Aus Erzählungen Überlebender und ehemaliger Mitglieder weiß man, wie diese Männer vorgingen und was zu ihren Methoden zählte. Auch hier waren viele Positionen mit Kriminellen besetzt, die durch ständigen Alkoholmissbrauch und ihre persönlichen Neigungen zu Monstern wurden und grausame Verbrechen verübten. Von anderen wiederum weiß man, dass sie sehr strategisch vorgingen, mit Plänen agierten und gezielt arbeiteten. Eines haben sie jedoch alle gemeinsam: Sie alle waren

257 Vgl.: Naimark, Norman M.: „Flammender Hass", S. 216.

258 Vgl.: Ihlau, Olaf/Mayr, Walter: „Minenfeld Balkan", S.99.

sehr auf sich bedacht und sie beherrschten die Gesellschaft.[259] Durch Raub, Erpressung oder Vertreibung erwirtschafteten sie sich enorme Summen, mit denen sie sich später eigenständig finanzieren konnten. Lohn gab es im eigentlichen Sinne nicht, da es sich um Freiwillige handelte, die durch ihre Beute versorgt wurden; es sei denn, sie unterstanden weiterhin der Regierung. Daher ist es verwunderlich, dass diese Männer in ihrer Volksgruppe als Helden gefeiert wurden und weiterhin werden.[260]

Auf ihre Taten angesprochen reagieren auch hier alle drei Parteien gleich, indem sie eine Aussage verweigern oder die Geschehnisse relativieren, indem behauptet wird, solche Aktionen wären zum eigenen Schutz notwendig gewesen.[261] Nur einige wenige würden sich trauen etwas Negatives über sie zu berichten, wie Miloš Vasić, Militärexperte des Belgrader Magazins *Vreme*, sagt. Er veröffentlichte die These, dass die Paramilitärs zu 80% aus Kriminellen und lediglich zu 20% aus Nationalisten bestanden hätten, welche für große Empörung sorgte.[262] Auch ein hoher Mitarbeiter des Instituts für kriminologische und sozialistische Forschung in Belgrad, Dobrivoje Radanović sagt, dass gerade zu Beginn des Bosnienkrieges die Regierungen mit den paramilitärischen Einheiten zusammengearbeitet hätten, indem u. a. dutzende Kriminelle vorzeitig aus den Gefängnissen entlassen worden seien, um dann in den Verbänden mitkämpfen zu können.[263]

259 Vgl.: Kanzleiter, Boris: „Jugoslawiens multiethnische Kriegsgewinner", S. 103.

260 Vgl.: ebd., S. 101.

261 Vgl.: ebd., S. 99.

262 Vgl.: ebd., S. 103.

263 Vgl.: ebd.

Durch Literaturrecherche habe ich festgestellt, dass diese großen paramilitärischen Gruppen als Kämpfer für das eigene Volk geliebt wurden und dass es eine Art Ehre war, dort Mitglied zu sein. Sie wurden als die wirklichen Serben, Bosniaken oder Kroaten gesehen, die für ihr Volk kämpften. Besonders die Serben halten diesen Heldenmythos des bekanntesten Paramilitäranführers Arkans immer noch sehr hoch. Über ihn gibt es dutzende Geschichten und Bücher, die seine Leistung im Bosnienkrieg würdigen sollen. Dass er in vielen Bereichen in illegale Geschäfte verstrickt war, wird zum Teil geleugnet, teilweise aber auch offen zugegeben. Letzteres spielt bei den meisten Serben jedoch keine wichtige Rolle, wenn es um seine Leistung im Bosnienkrieg geht; hier wird deutlich unterschieden. Von ihm wird nur als richtigem Serben gesprochen, der seinen Landsleuten zur Seite gestanden habe.[264] Hiermit erklärt sich auch die Anzahl der Freiwilligen, die sich einen ebensolchen sozialen Aufstieg, finanzielle Sicherheit und Anerkennung wie Arkan erworben hatte, erhofften.[265]

### 3.2.3 Die Einheiten

Im Laufe der Recherche und Aufklärungsarbeit der UNO hat man von der Existenz mindestens 45 paramilitärischer Einheiten im Bosnienkrieg erfahren, die unabhängig voneinander agierten, aber meist Verbindungen zu ihren Regierungen pflegten.[266] Ziele der Einheiten waren, wie bereits erwähnt, durchaus unterschiedlich, wobei die Aussage, sie kämpften ausschließlich für den Schutz ihres Volkes, dessen Befreiung

264 Vgl.: Jović, Borislav: "Od Gazimestana do Haga", S. 313.

265 Vgl.: ebd.

266 Vgl.: Čalić, Janine Marie: „Krieg und Frieden in Bosnien Herzegowina", S.102.

und das Land Bosnien-Herzegowina, bei allen zu vernehmen war.[267] Im Laufe der Untersuchungen kam ein bestimmtes Ziel jedoch immer wieder hervor, nämlich die Vertreibung der jeweiligen anderen Gruppen aus bestimmten Gebieten, wofür die Paramilitärs hauptsächlich verantwortlich waren. Meist seien sie es gewesen, die die Gebiete gesäubert hätten, wie man in Bosnien sagt, um sie dann den regulären Armeen zur Verwaltung zu überlassen. [268] Ein geheimer und erst später entdeckter Bericht der ehemaligen *JNA* besagt allerdings etwas anderes:

> „Ihr primäres Ziel sei nicht der Kampf gegen den Feind, sondern der Raub von Privatbesitz und die unmenschliche Behandlung der Opfer gewesen. Statt eines Soldes hatte das Paramilitärs das Recht erhalten, zu plündern und die Drecksarbeit der ethnischen Säuberungen zu erledigen, während sie von regulären Truppen strategisch geschützt wurden."[269]

Bestimmte Einheiten waren dabei sehr gefürchtet und im ganzen Land bekannt. Auf bosnisch-kroatischer Seite, die als die zweitstärkste des Konflikts gilt, waren es neben kleineren Verbänden wie *den Wölfen von Vukovar, den Zebras, den Rittern* oder *der schwarzen Legion* insbesondere die Kämpfer der *HOS* (*Kroatische Verteidigungsunion*)[270], die als die stärksten und am

267 Vgl.: Kanzleiter, Boris: „Jugoslawiens multiethnische Kriegsgewinner", S. 99.

268 Vgl.: Jović, Borislav: "Od Gazimestana do Haga", S. 314.

269 Kanzleiter, Boris: „Jugoslawiens multiethnische Kriegsgewinner", S. 101.

270 Vgl.: Čalić, Janine Marie: „Krieg und Frieden in Bosnien Herzegowina", S.109.

besten organisiertesten galten, da es sich um eine Art Privatarmee handelte. Sie bestand aus ca. 5000 Kämpfern.[271]

Unterstützt von der kroatischen Regierung und deren Armee begingen sie grausame Verbrechen gegen die serbische und muslimische Bevölkerung, wozu neben der Vertreibung, auch Raub, Gewaltakte und Mord gehörten. Auch *die Joker* galten als nicht so stark aufgestellt, dafür aber als äußerst brutal.

Der britische Oberst Geoffrey Thomas berichtete:

> „Wir sahen etwas, das (was) wir nie zuvor gesehen hatten und waren erschüttert und schockiert vom Ausmaß der Zerstörung und Gewalt. [...] Vor allem die Joker zündeten Häuser an und ließen gerne Menschen bei lebendigem Leibe verbrennen."[272]

Leider ist es mir nicht gelungen, mehr Informationen über diese Gruppierung herauszuarbeiten, da sie aus mir unerklärlichen Gründen nicht im Fokus der bisherigen Untersuchungen gelegen hat.

Auf bosnischer Seite waren es viele kleine Einheiten, die gegen die Kroaten und Serben kämpften. Neben der bosnischen Bevölkerung bestanden sie jedoch auch zu einem großen Teil aus sogenannten Gotteskriegern, die aus den unterschiedlichsten arabischen Ländern nach Bosnien-Herzegowina reisten.[273] Zu ihnen gehörten neben Algeriern, Iranern und Sudanesen auch Syrier, Iraker und Afghanen. Heute ist bekannt, dass zwei der Attentäter vom 11. September 2001 auf das World Trade Center in New York im Bosnienkrieg mitkämpften und Waffenlieferungen aus dem Ausland organisierten.

---

271 Vgl.: Zuneć, Ozren und Kulenovć, Terik: „Die jugoslawische Volksarmee und ihre Erben", S. 403.

272 Naimark, Norman M.: „Flammender Hass", S. 216.

273 Ihlau, Olaf u. Mayr, Walter: „Mienenfeld Balkan", S. 117ff.

Einer der Männer soll sogar einen bosnischen Zweitpass besessen haben.[274]

Zwei Gruppierungen, auf die ich während meiner Recherchearbeit besonders häufig stieß, sind die *El Mudjaheddin* und die *Fatih*, die mit der regulären bosnischen Armee gekämpft haben sollen. Ihre Zahl schwankt, international geht man jedoch davon aus, dass es sich um ca. 3000 solcher Krieger gehandelt habe.[275] Allerdings wird dem bosnischen Paramilitär nachgesagt, dass es das schwächste der drei gewesen sei, da es am schlechtesten ausgerüstet war.[276] Weiter heißt es auf allen Seiten, dass sie am unkoordiniertesten vorgegangen sein sollen, dafür aber am brutalsten, weil sie unmenschliche Foltermethoden an ihren Opfern anwandten, bevor sie sie letztendlich ermordeten.[277]

Sowohl auf bosnisch-serbischer wie auch serbischer und auf bosnisch-kroatischer und kroatischer Seite wurden und werden diese Kämpfer als Monster bezeichnet, die aus den arabischen Ländern nach Bosnien kamen, um einen islamischen Gottesstaat zu schaffen. Folglich waren die Warnungen der Politiker an die Bevölkerung tatsächlich begründet und die Bereitschaft zu kämpfen stieg immer weiter. Auf bosnisch-muslimischer Seite wies man solche Beschuldigungen jedoch vehement zurück, indem man behauptete, keine Alternative zu haben, da man anders nicht überleben könne. Den Vorwurf, einen islamischen Staat errichten zu wollen, taten sie als Lüge der anderen Parteien ab und behaup-

274 Vgl.: Ihlau, Olaf u. Mayr, Walter: „Mienenfeld Balkan", S. 119.

275 Vgl.: Zuneć, Ozren und Kulenovć, Terik: „Die jugoslawische Volksarmee und ihre Erben", S. 405.

276 Vgl.: ebd., S. 101.

277 Vgl.: Wieser, Angela: „Ethnische Säuberungen und Völkermord", S. 12.

teten, jene nähmen dies zum Vorwand, um die Muslime zu vertreiben.[278]

Neben den Verbänden, die aus ausländischen Gotteskriegern bestanden, ist ein Mann besonders in den Fokus der serbisch-kroatischen Seite gerückt, nämlich der ehemalige Kommandant Naser Orić, dem dutzende Verbrechen vorgeworfen werden. Er, der ehemalige Leibwächter Slobodan Miloševićs[279], soll hunderte Angriffe auf serbische Dörfer angeführt haben, was er in Interviews immer wieder zugab.[280]

> „Ich habe im Mai 1992 zuerst die Četnikdörfer gesäubert und dann haben wir die Stadt angegriffen und haben sie erobert."[281]

Auch die in Bosnien stationierten Blauhelme sagten später aus, sie hätten Orićs Machenschaften wahrgenommen. Leutnant Jasper Verplanke berichtete: [282]

> „Naser Orić sicherte sich die Kontrolle über große Teile Bosniens durch die Taktik der verbrannten Erde."[283]

Aber auch von bosnischer Seite wurde er oft als Tyrann und Monster tituliert, da er die Situation während des Krieges ausgenutzt haben soll, um sich zu bereichern. Durch Aussagen Betroffener und Augenzeugen weiß man, dass Orić die Kontrolle über Hilfsgüter in und um Srebrenica übernahm, um diese dann für teures Geld zu verkaufen. Wer ihm da-

278 Vgl.: Čalić, Janine Marie: „Krieg und Frieden in Bosnien Herzegowina", S.116

279 Vgl.: Kanzleiter, Boris: „Jugoslawiens multiethnische Kriegsgewinner", S. 101.

280 Vgl.: Elsässer, Jürgen: „Kriegslügen", S. 66.

281 Ebd.

282 Vgl.: ebd.

283 Ebd.

bei im Weg stand, wurde beseitigt, dabei spielte es keine Rolle, um welche Volksgruppe es sich handelte.[284] Obwohl durch das Kriegsverbrechertribunal angeklagt, kam er nach einigen wenigen Jahren mit der Begründung wieder frei, dass man ihm lediglich nur zwei Morde nachweisen könne, für die man ihm die Zeit in Untersuchungshaft anrechne.[285] Die bosnischen Muslime feierten diese Entscheidung lautstark, da sie ihn als Held ansehen.[286]

Die Aussage über seine angebliche Unschuld stellte und stellt für die serbischen Bosnier einen Skandal dar und hat ihre Voreingenommenheit gegenüber dem Gericht nur bestätigt. Denn, obwohl Zeugenberichte und Beweisvideos vorhanden waren, wurde er indirekt trotzdem freigesprochen und lediglich zu ein paar Jahren Haft verurteilt.[287] Ihrer Meinung nach ist hierdurch unmissverständlich bezeugt, dass hauptsächlich Serben vor Gericht stünden.[288] Tatsächlich scheint es so, dass hauptsächlich Serben angeklagt und verurteilt werden, was allerdings damit zu tun hat, dass die Täter der beiden anderen Seiten erstens nicht ausgeliefert werden –besonders auf kroatischer Seite – und zweitens, dass ihre Zahl der Opfer geringer scheint, als die der anderen und sie somit als Haupttäter gelten.[289]

Als dritte Partei sind die serbischen Paramilitärs zu nennen, die als die Stärksten des Konflikts gelten, da sie am besten

284 Vgl.: Elsässer, Jürgen: „Kriegslügen", S. 66.

285 Vgl.: ebd., S. 69.

286 Vgl.: http://istina1799.blogger.ba/.

287 Vgl.: Elsässer, Jürgen: „Kriegslügen", S. 67.

288 Vgl.: Kanzleiter, Boris: „Jugoslawiens multiethnische Kriegsgewinner", S. 101.

289 Vgl.: Elsässer, Jürgen: „Kriegslügen - Vom Kosovokonflikt zum Milošević-Prozess", S. 13.

ausgerüstet zu sein schienen. Neben verschiedenen kleinen Gruppierungen werden vor allem die *Šešeljovci* und *die Tiger* als bekannteste Paramilitärs im Bosnienkrieg genannt. Der Unterschied zwischen beiden Gruppierungen lag in der besseren Ausrüstung, Ausbildung und Disziplin *der* im Jahr 1991 gegründeten *Tiger*. Sie trugen Uniformen mit Abzeichen, schnitten sich die Haare einheitlich kurz, nahmen an Ausbildungen und Trainings teil. Alkoholkonsum war ihnen verboten und sie arbeiteten vor allem allein, d. h. sie waren dem Ministerium für Innere Sicherheit seit Mitte des Krieges nicht mehr unterstellt.[290] In einem Zitat ihres Anführers Arkan heißt es:

„Mi samo služimo srpskom narodu."[291]

Nicht jeder konnte Mitglied werden, da es bestimmte Kriterien gab, wie u. a. die Religion. Wer es dann aber doch schaffte, wurde zu einem Vorbild und Helden im serbischen Volk, da sie durch ihre „Erfolge" im Krieg schnell zu der bekanntesten Gruppierung auf dem Balkan aufstiegen. Man kann diese Gruppe als eine Art Privatarmee bezeichnen, die sich dementsprechend benahm und den regulären Militärs in nichts nachstand![292]

Ihr Anführer war der 2000 ermordete ehemalige serbische Geheimagent Arkan Ražnjatović, auch *Tiger* genannt, der durch seine Vergangenheit im serbischen Geheimdienst allen bekannt war. Bereits mit 17 Jahren das erste Mal straffällig geworden, spezialisierte er sich im Laufe der Zeit auf Auftragsmorde emigrierter Politiker in ganz Europa.[293] Durch

290 Vgl.: Noel, Malcolm: "Povijest Bosne", S. 299.

291 „Wir dienen nur dem serbischen Volk". Lopušina, Marko: „Kommandant Arkan", S. 132.

292 Vgl.: Naimark, Norman M.: „Flammender Hass", S. 201.

293 Vgl.: Jović, Borislav: "Od Gazimestana do Haga", S. 255.

seine Verbrechen erlangte er schließlich auch im Ausland an Bekanntheit und wurde auf der Liste Interpols zu einem der meistgesuchten Männer erklärt.[294]

Er lebte in Belgrad und genoss dort viele Privilegien. Durch seine kriminellen Aktivitäten schuf er sich eine Art Reich, in dem er als Held gefeiert wurde. Obwohl alle Angst vor ihm hatten, verehrten sie ihn zugleich auch für seine Rolle im Krieg und für seinen Beitrag bei der Schaffung eines eigenen Gebietes in Bosnien-Herzegowina. U. a. bekam er dafür von der Republik Serbien die *„Karadjordjevicu Zvezdu"*[295] verliehen; und noch heute ist eine Straße[296] in der Stadt Bijeljina nach ihm und seinen Männern benannt.[297]

Durch weitere Schritte in Wirtschaft und Politik wurde er zu einer der einflussreichsten Personen auf dem Balkan – wie auch *die Tiger*.[298] Heute wird er bei der Bevölkerung auf bosnisch-serbischer Seite als Held gefeiert, da er in seinem Einsatz für den schnellen Erfolg bei der Schaffung eines serbischen Gebietes ausschlaggebend war. Auf seine Methoden angesprochen, bestätigen die Meisten zwar Berichte über seine Gräueltaten, dennoch unterscheiden sie zwischen seiner Person und seinen Taten für das serbische Volk in Bosnien.[299]

294 Vgl.: Lopušina, Marko: „Kommandant Arkan", S. 52ff.

295 Es handelt sich um die höchste Auszeichnung in der Republik Serbien, die man für besondere Verdienste erhält. Es ist mit dem deutschen Bundesverdienstkreuz zu vergleichen.

296 Die Straße heißt *Srpska dobrovoljaćka garda* und trägt somit den Namen seiner Einheit: *Serbische Freiwilligen Garde*. Vgl.: Lopušina, Marko: „Kommandant Arkan", S. 121.

297 Vgl.: ebd.

298 Vgl.: Kanzleiter, Boris: „Jugoslawiens multiethnische Kriegsgewinner", S. 109.

299 Vgl.: Malcolm, Noel: "Povijest Bosne", S. 313.

Marko Lopušina z. B. führt in seinem Buch *Komandant Arkan* folgendes Zitat des ehemaligen serbischen Generals Borislav Pavelić an:

> „Republika Srpska tada nebi ni postojala da nije bilo Arkana i srpske dobrovoljaćke garde."[300]

Dennoch gibt es wohl auch negative Berichte und Meinungen über diesen Mann, die sich in vielen täglichen Erzählungen finden lassen. Kriminologen sind sich darüber einig, dass er der letzte große Kriminelle auf dem Balkan gewesen sei, dem keiner das Wasser habe reichen können. Soziologen vergleichen ihn dagegen mit dem serbischen Helden Miloš Obilić, der in der Frühen Neuzeit gegen die Osmanen kämpfte; und die Patrioten behaupten weiter, er sei der einzig wahre Beschützer des serbischen Volkes gewesen, der es vor dem Untergang bewahrt habe. [301] Auf serbisch-serbischer Seite distanzierte man sich offiziell jedoch von ihm, wie u. a. Slobodan Milošević, der behauptete, dass das Land Serbien nichts mit diesem Mann zu tun habe und ihn auch nicht unterstützen werde. Dennoch scheint festzustehen, dass dies nicht der Wahrheit entspricht. Sowohl die Serben als auch die anderen Parteien bestätigen alle, dass *die Tiger* eng mit Belgrad zusammengearbeitet hätten.[302]

Auf Seiten der Bosniaken und Kroaten gilt er als der schlimmste Kriegsverbrecher, der mit Kriminellen eine Gruppe aufstellte, mit der er die Menschen gezielt aussuchte, beraubte, misshandelte und u. U. auch tötete, wenn er es denn woll-

300 „Die Republik Serbien würde noch heute nicht existieren, wenn da nicht Arkan mit seiner *Serbischen Freiwilligen Garde* gewesen wäre." Lopušina, Marko: „Kommandant Arkan", S. 121.

301 Vgl.: ebd., S. 5.

302 Vgl.: Malcolm, Noel: „Povijest Bosne", S. 313.

te.[303] Durch die Literatursichtung lässt sich feststellen, dass die Angst vor diesem Mann und seinen Tigern unbeschreiblich gewesen zu sein scheint, da er sehr ruhig und konzentriert vorgegangen sei.[304] Auch aus westlicher Sicht gilt seine Truppe als die bekannteste und gefährlichste Gruppe, was sich u. a. aus ihrer regelmäßigen Thematisierung in den von mir bearbeiteten Büchern schließen lässt.[305] Angela Wieser fasst die Sichtweisen der westlichen Beobachter über Arkan und seine Truppen in ihrem Buch *Ethnische Säuberungen und Völkermord* wie folgt zusammen:

> „Die Arkanovci wie auch Arkan selbst werden übereinstimmend als die entscheidenden Personen der Angriffe bezeichnet. Während der reinen Angriffsoperationen überragte Arkan sowohl die Kommandierenden der ehemaligen JNA als auch die führenden Persönlichkeiten des SDS an Bedeutung."[306]

### 3.2.4 Die Verbrechen

Über die Größe des Ausmaßes der Verbrechen im Bosnienkrieg weiß man erst durch im Nachhinein aufgetauchte Video- und Fotoaufnahmen, die während bestimmter Taten gedreht bzw. gemacht wurden, Zeugenaussagen betroffener Personen und Verhörprotokolle aus Den Haag.[307] Im Laufe der Zeit und von Gesprächen entpuppten sich bestimmte Verbrechen allerdings als charakteristisch für diesen Konflikt, der über-

303 Vgl.: Malcolm, Noel: „Povijest Bosne", S. 313.

304 Vgl.: Wieser, Angela: „Ethnische Säuberungen und Völkermord", S. 65.

305 Vgl.: ebd., S. 64.

306 Ebd.

307 Vgl.: Čalić, Janine Marie: „Das Ende Jugoslawiens", S. 29.

wiegend von Freiwilligen geführt wurde. Das erste Ziel der Paramilitärs und auch regulären Armeen war es, bestimmte Gebiete zu besetzen und die dort ansässigen anderen Volksgruppen zu vertreiben, um das Gebiet ganz einnehmen und legitimieren zu können. Um dieses Ziel zu erreichen, wurden bestimmte Methoden angewendet, die bei allen drei Parteien unterschiedlich ausfielen. Dieses Vorgehen wird heute zusammenfassend *ethnische Säuberung*[308] betitelt, die sich durch verschiedene Delikte und Vorgehen konstituierte.[309] Angela Wieser zitiert in ihrem Buch den Autor Dražen Petković, der einen Beitrag zu diesem Thema verfasst hat. Er unterscheidet vier Gruppen ethnischer Säuberungen, welche hier kurz zusammengefasst werden:

1. Die erste Gruppe umfasst alle administrativen Vorgehen bzw. Maßnahmen:
   Damit sind alle Maßnahmen gemeint, die das tägliche Leben der Menschen erschwerten und sie selbst diskriminierten. Durch die im Bosnienkrieg entstandenen Parallelstrukturen im serbischen und kroatischen Teil Bosniens, entwickelten sich diese auch gegenüber staatlichen Institutionen wie eigene Rechts-, Wirtschafts- und Verwaltungssysteme, was wiederum zur Negation der bosnischen Staatlichkeit führte.
2. Die zweite Gruppe umfasst alle gewaltlosen Maßnahmen, zu denen u. a. Hasspropaganda in den Medien oder Veröffentlichungen von Namenslisten „unerwünschter" Menschen gehören.
3. Die dritte Gruppe umfasst terrorisierende Maßnahmen. Damit sind vor allem Handlungen von Soldaten oder Paramilitärs zu verstehen, die in keinem direkten Zusammenhang mit militärischen Aktionen stehen. Darunter fallen willkürliche Zerstörungen kultureller oder

308 Etničko čiščenje.

309 Wieser, Angela: „Ethnische Säuberungen", S. 57.

religiöser Symbole, Gewaltverbrechen und Diebstähle u. ä.

4. Die vierte und letzte Gruppe, die Petković nennt, sind militärische Maßnahmen. Darunter fallen klassische bzw. politisch legitimierte Angriffe und Kämpfe während des Krieges.[310]

Die Maßnahmen die diesen vier Gruppen zugeordnet sind, weisen allesamt ihre eigenen speziellen Methoden auf, die während des Krieges zum Einsatz kamen. Zu den typischen Verbrechen im Bosnienkrieg zählten hauptsächlich Brandschatzungen, Schändungen von Gräbern oder religiösen Einrichtungen, Vergewaltigungen, Erpressungen, gewaltsame Umsiedlungen, Misshandlungen, Folter, Verstümmelungen, Plünderungen und Raub, Zerstückelung von Leichnamen und die Errichtung von Internierungslagern.[311] Wer welches Verbrechen am häufigsten beging, kann nicht wirklich beantwortet werden, da sich alle drei Seiten aller Verbrechen schuldig machten, wie man aus UN-Berichten weiß. Es ist lediglich möglich, einigen Gruppen bestimmte Präferenzen zuzuordnen. Dennoch geht der momentane Forschungsstand davon aus, dass sich die serbischen Truppen am ausgeprägtesten ethnischer Säuberung schuldig machten. Diese bestätigen zwar, dass sie die erfolgreichsten bei der Eroberung neuen Gebietes gewesen seien, behaupten jedoch, dass dies nach klaren Regeln abgelaufen sei.[312] Norman M. Naimark zieht hauptsächlich die serbische Seite zur Verantwortung. Er schreibt:

310 Vgl.: Wieser, Angela: „Ethnische Säuberungen und Völkermord", S. 55.

311 Vgl.: Popov, Nebojša: „Die Hervorhebung des Bösen und Guten", S. 134.

312 Vgl.: Elsässer, Jürgen: „Kriegslügen", S. 49 ff.

> „Die schmutzige Arbeit der Schaffung eines ethnisch homogenen serbischen Gebiets wurde vor allem von paramilitärischen Soldaten ausgeführt, die die muslimische Bevölkerung systematisch schlugen, beraubten, misshandelten oder vertrieben. [...] Die Absicht lag darin, der muslimischen Bevölkerung so viel Angst wie möglich einzujagen."[313]

Weiter schreibt er, dass ab dem Spätsommer 1992 auch kroatische Soldaten angefangen hätten, sich an solchen ethnischen Säuberungen an den Bosniaken zu beteiligen. Gerade in den hauptsächlich von Kroaten bewohnten Gebieten um Mostar seien sie die Haupttäter.[314] Der von den Kroaten selbsternannte Präsident des kroatischen Teils Bosniens *Herzeg-Bosna,* Mate Boban, sagte einmal in einem Interview mit Ed Vulliamy vom *Wall Street Journal* zu den Vorkommen ethnischer Säuberungen in Bosnien:

> „Geistig, kulturell und wirtschaftlich ist Herzeg-Bosna ein Teil Kroatiens. [...] es ist kroatischer Lebensraum."[315]

Angela Wieser zitiert dagegen niederländische UN-Soldaten, die aussagten, dass alle Beteiligten, auch die bosnischen Muslime an ethnischen Säuberungen beteiligt gewesen seien:

> „As the bosniacs advanced, they used techniques of ethnic cleansing similar to those used by the serbs in other areas, burning houses and terrorizing the civilian population."[316]

Abschließend sollen in dieser Arbeit nun zwei Methoden, die bei ethnischen Säuberungen eingesetzt wurden, um die dort

313 Naimark, Norman M.: „Flammender Hass", S. 199.

314 Vgl.: ebd.

315 Ebd., S. 200.

316 Wieser, Angela: „Ethnische Säuberung und Völkermord", S. 85.

lebenden Menschen zu vertreiben, kurz vorgestellt werden, da sie aufgrund ihres unzähligen Einsatzes in diesem Krieg für Empörung sorgten und als Hauptmethoden des Krieges galten.

#### 3.2.4.1 Die Vergewaltigungen

Vergewaltigungen von Frauen zählen zu den abscheulichsten Verbrechen überhaupt. Nichtsdestotrotz ist es ein typisches Verbrechen des Bosnienkrieges. . Das folgende Zitat Norman M. Naimarks fasst die Stellung der Vergewaltigung wie folgt zusammen:

> „In keinem der anderen untersuchten Fälle war Vergewaltigung ein so zentrales Element für die Bestrafung und Vertreibung der anderen wie in Bosnien. Alle Akteure des Krieges, Serben, Kroaten und Muslime machten sich der Vergewaltigung und der brutalen Angriffe schuldig. [...] Die Vergewaltigungen sollten Familien dazu bringen, zu fliehen und niemals zurückzukehren, nicht nur aus Angst um ihr Leben, sondern auch um der Ehre der Frauen Willen."[317]

Durch Aufklärungsberichte der UN und Amnesty International ist offenkundig, dass sich alle drei Parteien daran schuldig machten, obwohl die Bosniaken noch heute eine Beteiligung leugnen.[318] Eindeutig zu sein scheint aber, dass die bosnischen Musliminnen als Opfer am stärksten von diesen Verbrechen betroffen und die bosnischen Serben als Täter am stärksten daran beteiligt gewesen sein sollen, was die-

317 Naimark, Norman M.: „Flammender Hass", S. 208f.

318 Vgl.: Čalić, Janine Marie: „Krieg und Frieden in Bosnien Herzegowina", S. 126.

se aber vehement abstreiten.[319] Obwohl sie stattfanden, weiß man von Vergewaltigungen an serbischen oder kroatischen Frauen viel weniger als von denen an Bosniakinnen. Woran das liegt, weiß man nicht genau.[320] Marie Janine Čalić arbeitet mit Zahlen und Berichten von Amnesty International und der Gesellschaft für bedrohte Völker[321], die Ende der 90er Jahre Folgendes veröffentlichten:

> „Rape has been committed by all sides of he conflict. However the largest number of reported victims have been bosnian muslims and the largest number of alleged perpetrators have been bosnian serbs."[322]

Die Brisanz des Themas Vergewaltigung begünstigte zu Zeiten des Krieges den missbräuchlichen Umgang mit diesem Verbrechen zu Propagandazwecken, um Vorteile für die eigene Seite daraus schlagen zu können. Gerade die bosnische Seite soll diese Vorkommnisse dazu genutzt haben, ihr eigenes Volk und die westlichen Beobachter dazu zu bringen, sich auf ihre Seite zu stellen, was allerdings schnell aufgeflogen sei.[323]

> „Während des Krieges ist eine Flut von Gerüchten über Untaten der jeweils anderen Seite in Umlauf gesetzt worden. Vor allem das Thema Kriegsverbrechen wurde von allen Konfliktparteien extensiv zu Propagandazwecken ausgeschlachtet. Alle Seiten nutzten die Präsens der Medien und der internationalen Hilfsorganisatio-

319 Vgl.: Mroska, Annekathrin: „Frauen fliehen vor dem Krieg", S. 50.

320 Vgl.: ebd.

321 Vgl.: Čalić, Marie Janine: „Krieg und Frieden in Bosnien Herzegowina", S. 126.

322 Wieser, Angela: „Ethnische Säuberungen und Völkermord", S. 80.

323 Vgl.: ebd., S. 84.

> nen aus, um für Unterstützung der eigenen Interessen zu werben."[324]

Die begangenen Vergewaltigungen lassen sich nach Angela Wieser in bestimmte Kategorien einordnen. Sie wurden:

1. von Einzeltätern oder kleineren Gruppen in Verbindung mit Raubdelikten und Einschüchterungen begangen, also nicht geplant;
2. von bestimmten Gruppen wie Paramilitärs gezielt in der Öffentlichkeit oder vor den Augen der meist männlichen Familienmitglieder begangen, um diese zu brechen und dazu zu bewegen, den Ort später zu verlassen und nicht wiederzukehren;
3. von Männern in der Gefangenschaft verübt. Meist fand das bei vorgeblichen Verhören oder in Internierungslagern statt. Oft handelte es sich hierbei um zu diesem Zweck erstellte Lager, in denen die Frauen so lange missbraucht wurden, bis sie schwanger wurden;
4. von Kämpfern begangen, die die Frauen als Prostituierte in ehemaligen Sporthallen, Hotels, Schulen oder anderen Räumen aufsuchten, in denen sie festgehalten wurden.[325]

Annekatrin Mroska bestätigt dies und nennt den Grund für diese Taten:

> „Die Vergewaltigung der Frau des Gegners wird mit dem Ziel verfolgt, über sie und damit auch über ihn zu triumphieren. Der Besitz des weiblichen Körpers wird als oberstes feindliches Gebiet betrachtet. Durch die Vergewaltigung der Frau des Feindes soll bewiesen werden, dass die Ehemänner unfähig sind, ihre eigenen Frauen

324 Vgl.: Čalić, Janine-Marie: „Krieg und Frieden in Bosnien Herzegowina", S. 113.

325 Vgl.: Wieser, Angela: „Ethnische Säuberung und Völkermord", S. 79ff.

> zu beschützen. Ihre Rolle als Beschützer wird in Frage gestellt. Die Täter versuchen am Gegner Rache zu üben, indem sie ihn demütigen. [...] Meistens wurden derartig motivierte Vergewaltigungen in der Öffentlichkeit durchgeführt. Ganze Dorfgemeinschaften, Nachbarn, Familien, die eigenen Kinder werden gezwungen, die Tat mitanzusehen, denn die Bevölkerung soll mit dieser Tat demoralisiert und verängstigt werden."[326]

Aus Gesprächen mit Betroffenen weiß sie, dass die Befehlshaber oftmals auch Männer aufforderten, Frauen zu vergewaltigen, um ihre Solidarität zu beweisen oder auch betrachtete man die Vergewaltigung als eine Art Feuertaufe, die meist jungen Männer durchlaufen mussten, um vollends dazuzugehören. Unter einem solchen Druck trauten sich nur die wenigsten sich dagegen aufzulehnen.[327] Das Unfassbare an diesen Taten ist allerdings die Tatsache, dass es sich bei vielen Tätern sehr oft um Nachbarn oder Kollegen handelte, die hierin die Chance sahen, alte Rechnungen zu begleichen. Es darf hier nicht vergessen werden, dass in einem von Männern dominierten Land wie Bosnien, die Vergewaltigung der eigenen Frau oder Tochter eine große Erniedrigung darstellte.[328]

> „Einer der kompliziertesten Aspekte bei den Vergewaltigungen in Bosnien [...] war der, dass sie unter früheren Nachbarn aus denselben Städten und Dörfern stattfanden. Es wurden alte Rechnungen beglichen, Beleidigungen gerächt und ihnen somit ein Dämpfer versetzt."[329]

326 Mroska, Annekatrin: „Frauen fliehen vor dem Krieg", S.49.

327 Vgl.: ebd., S. 50.

328 Čalić, Marie Janine: „Krieg und Frieden in Bosnien Herzegowina", S. 137.

329 Naimark, Norman M.: „Flammender Hass", S. 210.

Tatsächliche Zahlen zu den begangenen Vergewaltigungen sind knapp 19 Jahre nach dem Ende des Krieges sehr unterschiedlich. Heute sprechen Amnesty International und die UNO von ca. 12 000 Vergewaltigungsopfern, die Berichte der EG berichten von ca. 20 000 und die bosnische Regierung spricht dagegen von 60 000 Frauen, die von 1992 bis 95 einer Vergewaltigung zum Opfer fielen.[330] Wie viele es in Wirklichkeit waren, werden wir wohl nie tatsächlich erfahren; eines steht jedoch fest, es waren tägliche Begleiterscheinungen dieses Krieges.

### 3.2.4.2 Raub und Nötigung

Weitere typische Verbrechen des Bosnienkrieges waren Raub, Erpressung und Vertreibung. Meist kamen paramilitärische Einheiten oder Freischärler in die Dörfer und zwangen die Menschen mit Gewalt ihnen deren Geld und deren Wertgegenstände auszuhändigen. Taten sie dies nicht, wurden sie schwer misshandelt oder es wurde ihrer Familie Gewalt angetan. Oftmals endete so etwas auch mit dem Tod. Hatten sie, was sie wollten, zerstörten sie oftmals die Häuser und Grundstücke und zwangen die Menschen ihre Heimat zu verlassen. Wenn diese den Ort jedoch tatsächlich verlassen wollten, sollten sie zumindest auf serbischer Seite all ihr Hab und Gut an die Stadt überschreiben, bevor sie dann letztendlich gehen durften. Die Serben galten als die erfolgreichsten bei diesen Vorgängen. Mit diesen Methoden und ihrer militärischen Überlegenheit gelang es ihnen innerhalb des ersten halben Jahres ca. 60–70 % des bosnischen Gebietes unter ihre Kontrolle zu bringen.[331] Obwohl die anderen beiden Partei-

330 Vgl.: Naimark, Norman M.: „Flammender Hass", 139ff.

331 Vgl.: Noel Malcolm: "Povijest Bosne", S. 312–315.

en nicht derartig effizient vorgingen, unterschieden sie sich in ihrem Verhalten nicht wirklich von den Serben. Aus Aufklärungsberichten, auf die sich die Serben berufen, weiß man, dass insbesondere fundamentalistische Bosniaken bekannt dafür waren, ihren Opfern gerne die Köpfe abzuschneiden oder sie mit Messern so massiv zu traktieren, bis sie starben.[332] Zu kroatischen Aktionen weiß man, dass sie die Menschen ausraubten und dann in deren Häusern bei lebendigem Leibe verbrennen ließen. Amnesty International spricht von ca. 450 000 in Westbosnien bzw. 290 000 in Ostbosnien vertriebenen Bosniaken und von 40 000 vertriebenen Serben während der vier Kriegsjahre. Diejenigen, die sich ins Ausland retten konnten, sind jedoch nicht mitgezählt.[333] Insbesondere die Paramilitärs hingegen profitierten von der Kriegsbeute, indem sie sie als Sold ansahen.

## 3.3 Srebrenica – Ein Ereignis, welches das Ende des Bosnienkrieges einleitete

### 3.3.1 Eine Schutzzone wird errichtet

Vom 11. bis zum 3. Juli 1995 vollzog sich in Bosnien-Herzegowina eine Phase, „die eine Zensur für Europa und das internationale politische System markierte"[334] und „zu einem Wendepunkt in der internationalen und europäischen Politik führte".[335] Diese Aussagen im Vorwort des Buches Srebre-

332 Vgl.: http://www.srpska-mreza.com/Bosnia/Srebrenica/UN-intro.html.

333 Vgl.: Čalić, Marie Janine: „Krieg und Frieden in Bosnien Herzegowina", S. 129.

334 Heinrich Böll Stiftung: „Srebrenica", S. 7.

335 Ebd.

nica von der Heinrich-Böll-Stiftung zu lesen. Sie sollen auf die Schwere des Geschehenen aufmerksam machen und auch verdeutlichen, welche Auswirkungen gerade dieses Ereignis für den Bosnienkrieg von 1992 bis 95 hatte.[336] Es führte dazu, dass seitens der westlichen Länder erste richtige Interventionen eingeleitet wurden, um den Krieg zu beenden.[337] Warum gerade Srebrenica, diese in Ostbosnien gelegene Stadt, 1995 zum Ort des Geschehens gemacht wurde, soll nun in diesem Kapitel betrachtet werden.

Srebrenica, wie bereits gesagt, eine Kleinstadt in Ostbosnien, ca. 15 km von der Grenze zu Serbien entfernt, liegt weit im Gebirge, außerhalb von Verkehrswegen und ist besonders für seine Silberminen und natürlichen Heilquellen bekannt. Daher kommt auch der Name die Silberne.[338] Die Stadt selbst war 1991 hauptsächlich von bosnischen Muslimen bewohnt, die von den ca. 37 000 Einwohnern ganze 73% ausmachten. Die restlichen 27% stellten hauptsächlich die bosnischen Serben, die sich jedoch in den kleinen Dörfern außerhalb der Stadt niederließen, und dort so die Mehrheit stellten.[339] Bereits kurz nach dem Ausbruch der ersten Kämpfe kristallisierte sich die Stadt mit ihren umliegenden kleinen Dörfern als wichtiges strategisches Ziel bei der Besetzung umliegender Gebiete heraus. Aufgrund ihrer günstigen Lage zu Serbien stand sie im Fokus der serbischen Besetzungen, da diese zuerst die an Serbien gelegenen Städte einnahmen, um sie daraufhin an das Land Serbien anschließen zu können. So geschah es dann auch mit der Stadt Srebrenica, die 1992 von serbischen Paramilitärs für mehrere Wochen eingenommen wurde. Parallel dazu wurde neben anderen Städten auch die Stadt Žepa eingenommen und von den Muslimen

336 Vgl. Heinrich Böll Stiftung: „Srebrenica", S. 7.f.

337 Vgl.: ebd., S. 8.

338 Vgl.: Berić, Gojko: „Ein Feld weißer Grabsteine", S. 29.

339 Vgl.: Heinrich Böll Stiftung: „Srebrenica", S. 11.

„gesäubert". Diese Situation sollte jedoch nur einige Monate andauern, da die bosnische Armee, unter dem Kommando von Naser Orić, schnell handelte und die beiden Städte mit ihren vielen umliegenden kleineren Dörfern von den Serben befreite.[340] Insgesamt wurden ca. 900 km2 Gebiet, das sich in dem von Serben dominierten Bereich befand, von den bosnischen Muslimen kontrolliert. Dies führte dazu, dass dieses Gebiet schnell zu einem Zufluchtsort für die dort ansässigen Muslime wurde. Innerhalb weniger Monate stieg die Bevölkerungszahl auf 50–60 000 Menschen an.[341]

Die bosnischen Serben nunmehr erwehrten sich dieser Entwicklung, indem sie mit neuen Angriffen begannen. Im Januar 1993 gelang es ihnen schließlich, mehrere kleine Städte und Dörfer des 900 km2 Gebietes, zwischen Srebrenica und Žepa zu erobern und die Versorgungslinien zu unterbrechen. Dieser kämpferische Akt sollte bis 1995 andauern.[342] Die Städte und ihre umliegenden Dörfer wurden derart zu Enklaven im serbischen Territorium.[343] Aufgrund der besonderen kriegerischen Situation wurde dieser Gegend sehr viel internationale Aufmerksamkeit gewidmet, was u. a. dazu führte, dass der UN-Schutztruppenkommandant Phillipe Morion die Stadt einige Monate, als die Serben die Lieferwege blockierten, besuchte und dort öffentlich verkündete, dass die Stadt künftig unter dem Schutz der UNO stehe und dass es keine weiteren Menschenopfer geben werde. Diese Aussage sollte am 16. April 1993 vom UN-Sicherheitsrat verifiziert werden. Sie beinhaltete, dass die Stadt mit ihren bis zu 130 km2 umlie-

340 Vgl.: Wieser, Angela: „Ethnische Säuberungen und Völkermord", S. 86.

341 Vgl.: Heinrich Böll Stiftung: „Srebrenica", S. 11f.

342 Vgl.: ebd, S. 11.

343 Vgl.: Wieser, Angela: „Ethnische Säuberungen und Völkermord", S. 85.

genden Dörfern und Städten als erste weltweite Schutzzone gesehen werden solle, die weder militärisch noch in irgendeiner sonstigen Art und Weise angegriffen werden dürfe.[344] Zur Absicherung dieser sollten UNPROFOR-Truppen dienen, die für die korrekte und sichere Zustellung der Hilfslieferungen und für die Einhaltung des Friedens sorgen sollten. Die erste Truppe traf am 18. April 1993 ein. Eine Truppenablösung vollzog sich in einem sechsmonatigen Rhythmus. Die während des Angriffs 1995 stationierten UNPROFOR-Soldaten waren Niederländer, denen großes Versagen während dieser Zeit vorgeworfen wurde und noch heute wird.[345]

### 3.3.2 Die Schutzzone wird eingenommen

> „Die ermordeten Männer, jene, die von uns gegangen sind, sie ereilte der Tod schnell. Wir zurückgelassenen Frauen sind in unserem Herzen auch tot, aber es ist ein langes Sterben."[346]

Dieses Zitat Kada Hočićs, einer Frau aus Srebrenica, wird oft und gerne in Publikationen zum Thema Srebrenica angeführt, da es die Situation der Überlebenden und dasjenige, was sie erlitten haben, thematisiert. Sie, die es überlebten, haben eigentlich doch nicht überlebt, denn durch den Mord an ihren Liebsten, an ihren Männern, Söhnen oder Brüdern und durch das „Wie" ist auch ein Teil von ihnen gestorben.[347] Doch wie gestaltete sich das Vorgehen zu Beginn des Monats Juli 1995?

---

344 Vgl. Wieser, Angela: „Ethnische Säuberungen und Völkermord", S. 85.

345 Vgl.: ebd., S. 11f.

346 Hunt, Swanee: „Das erste Gedenken", S. 73.

347 Vgl.: Ebd., S. 73ff.

In diesem Kapitel soll nun ein kurzer Überblick über das Geschehen gegeben werden.

1995 herrschte in der Schutzzone Srebrenica großes Chaos, da die serbischen Truppen Nachschubkonvois mit Hilfslieferungen und Benzin blockierten.[348] Ursache hierfür seien, laut bosnischer Serben, die nicht erfüllten Forderungen an die Blauhelme und Bewohner Srebrenicas der Auslieferung der in der Zone versteckten Kämpfer gewesen.[349] Die Serben warfen und werfen den Muslimen vor, die Schutzzone für geheime Angriffe gegen serbische Zivilisten genutzt zu haben, um sich dann wieder dort in Sicherheit zu wiegen. Ihrer Meinung sei die Schutzzone eine Art Zufluchtsort für alle jene Kriminellen gewesen, die bewusst und heimtückisch gegen serbische Zivilisten vorgegangen seien, ohne dass man sie dafür zur Rechenschaft habe ziehen können. Seit Beginn des Krieges berichteten die Serben immer wieder von Morden und Überfällen auf die serbischen Dörfer außerhalb Srebrenicas, gegen die bis 1993 sogar militärisch vorgegangen wurde, indem man die Verantwortlichen aus dem Gebiet vertreiben wollte. Insgesamt jedoch sollen die paramilitärischen Einheiten unter dem Kommando Naser Orićs die schlimmsten Verbrechen verübt haben. Die bosnischen Serben berichten von über 30 Dörfern, die er mit seinen Truppen bei Nacht immer wieder überfallen haben soll, um sich dann wieder in die Schutzzone zurückzuziehen.[350] Die Waffen sollen sie vor den Blauhelmen versteckt haben können, da eigens Orić als Kommandant des Gebietes die Kontrolle übernommen habe, wie der US-ameri-

348 Vgl.: Wieser, Angela: „Ethnische Säuberungen und Völkermord", S. 87.

349 Vgl.: Ilinčić, Branko: „Jugoslovenska Kriza", S. 368.

350 Vgl.: ebd., S. 365ff.

kanische Journalist George Bogdanić in Branko Ilinčićs Buch Jugoslovenska Kriza i rat 1991–1995[351] berichtete:[352]

> „Iz Srebreničke enklave su muslimanske jedinice, pod komandom ozloglašenog Nasera Orića, praktično sravrnile sa zemljom 30 srpskih sela. [...] Orićevi vojnici su išli od mesta do mesta i sistematcki ih uništavali. Spalili su toliko sela da je General Morion morao da dođe u Srebrenicu da smiri situatiju."[353]

Während des späteren Gerichtsverfahrens gegen Slobodan Milošević wurden solche Anschuldigungen von einstig dort stationierten UN-Soldaten bestätigt. Philippe Morion sagte aus:

> „On je izveo napad na pravoslavni Božić, uništavao srpska sela i masakrirao srpsko stanovništvo, izazvašri strahovitu mržnju. Rekao je da nemože sebi dozvoliti dranje zarobljenika. Srbi su me odveli u jeno od ti sela, kod Bratunca i pokazali mi masuvnu grobnici. Zbog toga sam i očekivao da oni uđu u Srebrenicu."[354]

---

351 „Die jugoslawische Krise und der Krieg 1991–1995".

352 Vgl.: Ilinčić, Branko: „Jugoslovenska Kriza", S. 368.

353 „Aus der Enklave Srebrenica haben muslimische Einheiten, unter dem Kommando Naser Orićs, 30 serbische Dörfer praktisch dem Erdboden gleichgemacht. Orićs Soldaten sind von Ort zu Ort gegangen und sie haben sie systematisch zerstört. Sie haben so viele Dörfer abgebrannt, dass sogar der französische General Morion nach Srebrenica kommen musste, um zu intervenieren." Ebd, S. 365.

354 „Er hat den Angriff am serbischen Weihnachtsfest verübt, serbische Dörfer vernichtet, die serbische Bevölkerung massakriert und für Angst und Hass gesorgt. Darauf angesprochen sagte er, dass die Schaffung von Kriegsgefangenen nicht zu ihm passt. Die Serben haben mich dann einmal in ein solches Dorf, bei Bratunac, gebracht und mir dort das riesige Massengrab gezeigt. Da-

Diese Aktionen hätten bis 1995 angedauert, ohne dass etwas dagegen getan worden sei, wie man allgemein auf serbischer Seite behauptet. Von westlicher oder bosnisch-muslimischer Seite ist von solchen Aktionen nichts zu lesen. Den Höhepunkt dieses Konflikts um Srebrenica bildete nichtsdestoweniger eine bestimmte Nacht.[355]

Am 7. Januar 1995, dem serbisch-orthodoxen Weihnachten, wurde in der Nacht das Dorf Kravice bei Srebrenica überfallen. Die Bewohner wurden auf die grausamste Weise umgebracht, nachdem sie vorher gefoltert worden waren. Eigentlich war dies nichts Neues, allerdings war die Vorgehensweise bei diesem Übergriff in einem Maße grausam, dass das bosnisch-serbische Volk im restlichen serbischen Teil Bosniens sich zu formieren begann. In dem Dorf Kravice wurden in dieser Nacht hauptsächlich Frauen, Kinder und alte Menschen zu Tode gefoltert, ehe man sie abschließend auf lange Stöcke aufspießte und über offenem Feuer verbrannte. Dies sollte eine Anspielung auf das serbische Weihnachtsfest sein, bei dem es zur Tradition gehört, an Weihnachten ein Spanferkel auf diese Art zuzubereiten. Dieses Vorgehen, noch dazu am heiligsten Feiertag der serbisch-orthodoxen Christen, führte schließlich dazu, dass immer mehr Stimmen laut wurden, gegen die Täter in Srebrenica vorzugehen.[356] Insgesamt seien von 1992 bis 1995 bei solchen Aktionen ca. 3300 bosnische Serben im Umfeld von Srebrenica umgebracht und um die 6000 verletzt worden, wie auch Jürgen Elsässer in seinem Buch Kriegslügen schreibt.[357] Auch beziehen sie sich auf weitere Aussagen, einerseits der niederländischen Blauhelme, die bestätig-

---

her habe ich mit einem baldigen Einmarsch ihrerseits in Srebrenica gerechnet." Ilinčić, Branko: „Jugoslovenska Kriza", S. 384.

355 Vgl.: Ebd., S. 348.

356 Vgl.: Ilinčić, Branko: „Jugoslovenska Kriza", S. 356ff.

357 Vgl.: Elsässer, Jürgen: „Kriegslügen", S. 67ff.

ten, dass Orić mit seinen Männern solche Aktionen begangen habe, um sich in der Nacht wieder in die sichere Schutzzone zurückzuziehen[358] und andererseits auf später aufgetauchte Videoaufnahmen und Interviews mit Orić selbst, der dort schließlich stolz zugab, sehr wohl an solchen Aktionen teilgenommen zu haben.[359]

Kurze Zeit später erfolgte die Einnahme der Schutzzone, zu der es laut meiner Recherchen, zwei Versionen der Vorgehensweise gibt. Die allgemeine und offizielle Version ist, dass die Einnahme Srebrenicas, mit ihren dazugehörigen umliegenden Dörfern und Städten, am 8. Juli 1995 mit der Einnahme des südlichen Beobachtungspostens der Schutzzone begonnen habe. Am darauffolgenden Tag seien dann weitere Posten gefolgt, deren vorgefundene UN-Soldaten, von den Serben festgenommen und in ein Hotel nach Bratunac gebracht worden seien. Hierbei existieren mehrere Versionen. In manchen wird behauptet, die Soldaten seien gewaltsam festgehalten und abgeführt worden, in anderen wird ausgesagt, sie seien vor die Wahl gestellt worden, ob sie lieber mitkommen oder zurück in die Stadt gehen wollen. Dabei hätten sich die meisten für das Mitgehen mit den Serben entschieden. Insgesamt berichtet man über ein sehr passives Verhalten der niederländischen Soldaten, die es den Serben ermöglichten, die Stadt in so kurzer Zeit einzunehmen.[360] Auf die UN-Soldaten soll jedoch in einem späteren Kapitel näher eingegangen werden.

Am 10. Juli 1995 seien die einzigen Schritte unternommen worden, die Stadt vor den eindringenden serbischen Solda-

358 Vgl.: Elsässer, Jürgen: „Kriegslügen", S. 68.

359 Vgl.: Ebd., S. 66.

360 Vgl.: Wieser, Angela: „Ethnische Säuberungen und Völkermord", S.89ff.

ten zu schützen, indem kleine Auffangstellungen seitens der UNO aufgebaut wurden, durch die sie sich einen unterstützenden Luftangriff erhofften. Sie gingen davon aus, dass die UNO dann Flugzeuge schickte, wenn die Serben diese angriffen, da es einen direkten Angriff auf sie bedeutete. Dies jedoch blieb aus, da die zuständigen Personen in dieser Phase keinen Anlass für einen solchen Einsatz sahen. Einen Tag später folgte schließlich die Einnahme der gesamten Schutzzone, ohne dass wirklich gegen die bosnisch-serbischen Soldaten vorgegangen wurde. Insgesamt soll die Einnahme 3 ½ Stunden gedauert haben, ehe die Stadt unter serbischer Kontrolle gestanden habe. Die verantwortlichen Blauhelme berichten später, dass die angeforderte Luftunterstützung erst nach dem Abschluss der Belagerung zu sehen gewesen sei, allerdings nutzte diese nichts, da der zuständige serbische Kommandant der Aktion, Ratko Mladić, mit weiteren Handlungen gegen die Bewohner und UN-Soldaten gedroht haben soll, wenn sie angegriffen werden würden.[361]

Die niederländischen Zuständigen gaben später bekannt, dass insgesamt drei Mal nach einer Luftunterstützung gefragt worden-, diese aber aufgrund eines fehlenden Dokuments nicht erteilt worden sei. Es soll eine große Verwirrung gegeben haben, bei der keiner so recht gewusst habe, was geschehe.[362]

> „Until that point, at least three requests for air support by Dutchbat had been tuned down at various levels in the chain of command. Dutchbat had also not fired a single shot directly at the advancing serb forces."[363]

361 Vgl.: Wieser, Angela: „Ethnische Säuberungen und Völkermord", S.89.

362 Vgl.: Ihlau, Olaf/Mayr, Walter: „Minenfeld Balkan", S. 138.

363 Wieser, Angela: „Ethnische Säuberungen und Völkermord", S. 89.

Am 11. Juli 1995 soll Mladić nach Gesprächen mit dem Vertreter des niederländischen Bataillons, UN-Vertretern und Vertretern der Flüchtlinge verlangt haben, die er nach Bratunac bringen ließ. Dort soll er über das künftige Vorhaben in der Stadt berichtet und klar gemacht haben, dass die gesamte Zone ab diesem Zeitpunkt serbisch sei und dass sie die dort lebenden Menschen am besten verlassen sollten; es sei denn, sie würden sich dem serbischen Kommando beugen, dann könnten sie dort bleiben. Die Gespräche wären am folgenden Tag fortgesetzt worden. An diesem zweiten Tag jedoch soll Ratko Mladić mit den zuständigen Personen beschlossen haben, die Menschen mit Bussen zu deportieren, was von den dortigen Vertretern unter Druck gestattet worden sei, wie sie im Nachhinein behaupten. Die Busse und LKWs erreichten schließlich am Nachmittag des Tages die Stadt, in der daraufhin die Einteilung begann[364]. Ein Niederländer berichtet:

> „The BSA troops immediately began separating the men (between the age of approximately 16 to 65) from the women, children and elderly who were boarding the buses. Only a small number of the men were allowed able to board the first buses, after which non were allowed to board them. There are varying estimates as to how many men within this ages group were outside the compound at that time. Some are as high as 3000, others substantially lower. These men outside the compound were systematically being directed away from the buses destined."[365]

Die niederländischen UN-Soldaten sollen bei dieser Aktion helfend mitgewirkt haben, indem sie die Menschen beruhigt, Listen mit den Namen der Männer erstellt, die Anzahl der

364 Vgl.: Wieser, Angela: „Ethnische Säuberungen und Völkermord", S. 92.

365 Ebd.

Abgeführten notiert und bei der Einteilung in die Busse geholfen hätten. Sie dagegen behaupteten damals, nichts von den späteren Morden gewusst zu haben. Vizekommandant Franken revidierte hinterher diese Aussagen, indem er vor einem Untersuchungsrat aussagte, dass sie alle sehr wohl geahnt hätten, was mit diesen Männern geschehe, sie sich aber nicht getraut hätten zu handeln oder einfach die Augen davor verschlossen hätten.[366]

Bei dieser Aktion waren auch Kameras von Fernsehstationen anwesend, die der bosnisch-serbische General Mladić selbst mitgebracht haben soll. Ihr Auftrag soll es gewesen sein, den ganzen Vorgang aufzuzeichnen, damit später keine Vorwürfe gemacht werden könnten, wie er sagte. Dabei entstanden die uns allen bekannten Bilder von Mladić, wie er zu der Menge spricht und ihnen garantiert, dass alles „gut werden würde".[367] Die Geschehnisse danach sind uns allen bekannt.

Der Abtransport selbst soll sich bis zum 14. Juli hingezogen haben, wobei laut UN-Soldaten offenkundig gewesen sei, dass die serbischen Truppen gezielt nach bestimmten Männern gesucht hätten, die sie größtenteils durch Verhöre erkannt hätten.[368] Alleine bei diesen Verhören sollen, laut Augenzeugen, einige Dutzend ums Leben gekommen sein.[369]

Alle Frauen, Kinder und Alte wurden schließlich mit Bussen und LKWs in Richtung Tuzla gebracht, also auf bosnisch-muslimisches Territorium.[370]

---

366 Vgl.: Ihlau, Olaf/Mayr, Walter: „Minenfeld Balkan", S. 140.

367 Vgl.: Wieser, Angela: „Ethnische Säuberungen und Völkermord", S. 91.

368 Vgl.: Ebd., S. 92.

369 Vgl.: Ebd., S. 97.

370 Vgl.: http://www.bhdani.com/arhiva/235/srebrenica.jpg.

Die Männer wurden dagegen in die andere Richtung, nach Bratunac transportiert, wo sie in Fußballstadien und auf anderen großen Geländen festgehalten wurden, ehe man sie umbrachte.[371] Der größte Teil der Männer soll jedoch bereits vor dem Abtransport aus der Schutzzone geflohen sein, wie die UN-Blauhelme später berichten. Sie sprechen von mehreren kleineren Gruppen, die insgesamt ca. 15 000 Männer ausgemacht und die sich bereits am 11. Juli 1995 durch die Wälder auf den Weg zum muslimischen Gebiet nach Tuzla aufgemacht hätten. Die Serben sollen dies anfangs nicht mitbekommen haben, als die Anzahl der Männer jedoch immer kleiner geworden sei und viele der Gesuchten wie Naser Orić und seine Männer nicht unter den Gefangenen gewesen seien, sollen sie ihre Strategie auf die Suche nach eben diesen ausgerichtet haben.[372]

Zu dem Vorgehen und der Säuberung der Stadt gibt es auf serbischer Seite eine andere Version, die sich von der offiziellen unterscheidet. Die bosnischen Serben behaupten, sie hätten nach den nächtlichen Angriffen auf die serbische Bevölkerung geschwiegen, ehe es zu dem Massaker in Kravice kam, bei dem über 1000 Menschen umgebracht worden sein sollen. Danach hätten sie der UNO und den zuständigen Bosniaken ein Ultimatum gestellt, indem sie die Auslieferung der Verantwortlichen und die Entmilitarisierung der Zone gefordert hätten, wie es abgesprochen war. Da dies nicht erfüllt worden sei, sei die Wut in der Bevölkerung gestiegen und die Menschen hätten sich zu immer größeren Gruppen formiert, bis sich schließlich der damalige General Ratko Mladić entschlossen habe, mit seiner bosnisch-serbischen Armee in die Stadt einzumarschieren und die Schuldigen zu suchen.

371 Vgl.: Wieser, Angela: „Ethnische Säuberungen und Völkermord", S. 94ff.

372 Vgl.: ebd., S. 95.

Auch sie bestätigen, dass die Einnahme sehr einfach gewesen sei. Danach soll Ratko Mladić mit den Verhandlungen begonnen haben, die laut serbischer Seite einwandfrei abgelaufen seien. Es wird ebenfalls von den beiden Treffen am 11. und 12. Juli gesprochen, bei denen der damalige General auf das Vorhaben in der Stadt aufmerksam gemacht haben soll und in dem er den niederländischen Kommandanten Karemanns aufgefordert habe, zwei Soldaten pro Bus zu abzustellen, um den sicheren und reibungslosen Abtransport der Menschen zu überwachen. Dies sei auch die Ursache gewesen, weshalb er die Fernsehmedien mit nach Srebrenica gebracht habe. Da der Kommandant Karemanns dem zustimmte, wurde dies schließlich in dieser Form durchgeführt. Sie betonen auch weiterhin, dass die Menschen sicher in deren Gebiete gebracht wurden, und dass Mladić den ausdrücklichen Befehl dazu gegeben habe. Von geplanten Ermordungen junger Männer distanziert man sich konsequent. Falls sich all dies ereignet haben sollte, dann sei es nicht geplant worden, sondern habe einfach stattgefunden, ohne dass es einen offiziellen Befehl dazu gegeben habe. Ratko Mladić soll allen befohlen haben, die Zivilisten in Ruhe zu lassen und die Männer, die in den Bussen weggeschafft wurden, lediglich zu verhören und sie festzuhalten, um anschließend Gefangenenaustäusche mit den Gegnern einleiten zu können.[373] Dies sei, ihrer Meinung nach, schließlich anhand dutzender Beispiele belegbar, wie Marko Trifunović, Mitglied der Expertenkommission der Republik Serbien, behauptet. Er sagte weiter aus, dass die Anzahl bedeutender muslimischer Männer, wie z. B. der damalige Anführer der SDA Ibran Mustafić, in Srebrenica sehr hoch gewesen sei und dass sie alle von der bosnisch-serbischen Armee lebend an die gegnerische Seite übergeben wurden, ohne das es ihnen an etwas gefehlt habe. Dies sei der

373 Vgl.: Ihlau, Olaf/Mayr, Walter: „Minenfeld Balkan", S. 141.

Beweis dafür, dass die Armee nicht in mörderische Aktionen verwickelt gewesen war, wie stets behauptet wird.[374]

Sie beziehen sich dabei auch auf die Aussage des damaligen Kommandanten Karemanns und seines Vizekommandeurs Franken, die sagten, dass die Einnahme, das Vorgehen in der Stadt und der spätere Abtransport der Menschen ohne Zwischenfälle ablief. Karemanns sagte auch, dass die Eroberung der Schutzzone „eine hervorragend geplante Militäroperation gewesen sei" und dass „Mladić einen korrekten Angriff in Srebrenica geführt habe."[375] Zudem habe sich die serbische Seite an die Genfer Konvention gehalten.[376]

Srebrenica soll ein Ort gewesen sein, an den sich die serbischen Männer Bosniens, die im Krieg jemanden verloren hatten, begeben hätten, um sich zu rächen; es konnte jeder dort hingehen. Dies bestätigen auch Augenzeugen, die darüber berichten, dass unter den Belagerern viele dutzend Zivilsten gewesen seien, die einfach, um der Rache willen, dazu übergegangen seien, wahllos Männer zu ermorden.[377] Der französische General Morion sagte vor dem Kriegsverbrechertribunal in Den Haag bei Slobodan Miloševićs Verhandlung am 12.02.2004 Folgendes aus:

> „Vidio sam da lokalni Srbi hoće da se osvete za masakar svojih na pravoslavni božić. Taku mržnju možete da videti samo među bračom."[378]

374 Vgl.: Elsässer, Jürgen: „Kriegslügen", S. 55.

375 Ihlau, Olaf/Mayr, Walter: „Mienenfeld Balkan", S. 145.

376 Ebd., S. 141.

377 Vgl.: Wieser, Angela: „Ethnische Säuberungen und Völkermord", S. 103.

378 „Schnell habe ich gesehen, dass sich die Serben aus der Umgebung für das an Weihnachten an ihren Brüdern verübte Massaker rächen wollten. So einen Hass wie dort konnte man nur un-

Er zitiert weiter einen Journalisten, der von Gesprächen mit einheimischen Serben erzählt:

> „Kad smo čuli za Kravicu, da smo imali moć, celu bismo Srebrenicu sbrisali."[379]

Der Pathologe General Zoran Stanković berichtet:

> „U Skelanima mi jedan dečak uđe u grobnicu. Poče de pretura po telima. Hoću da ga oteram, a on meni „Tu su mi otac, majka, sestra i brat. Kasnije tog istog klinca vidim u uniformi, stavio automat i ide da osveti porodicu."[380]

Aber auch paramilitärische Einheiten sollen an den Ermordungen der Männer teilgenommen haben, wie Zeugen schilderten. Darunter sollen zwar, die in dieser Arbeit bereits erwähnten Tiger, aber vor allem die Skorpione teilgenommen haben. Hierbei handelte es sich um eine kleinere serbische Einheit, die für viele Ermordungen in Srebrenica verantwortlich sein soll, wovon Ende der 90er Jahre auch ein Video auftauchte, das sich momentan beim Kriegsverbrechertribunal in Den Haag befindet.[381]

---

ter Brüdern feststellen." Ilinčić, Branko: „Jugoslovenska Kriza", S. 384.

379 „Als wir von Kravice hörten, wären wir dazu bereit gewesen, ganz Srebrenica dem Erdboden gleichzumachen, wenn wir nur die Chance dazu gehabt hätten." Ebd.

380 „In Skelanim kam ein Jugendlicher in die Totenhalle und fing an zwischen den Leichen zu suchen. Als ich ihn rausschmeißen wollte, sagte er mir: „Hier sind mein Vater, meine Mutter, meine Schwester und mein Bruder." Später sah ich diesen Jungen in Uniform gekleidet und mit einem Gewehr bewaffnet auf dem Weg nach Srebrenica gehen, um sich dort für seine Familie zu rächen." Ebd., S. 385.

381 Vgl.: Kandić, Nataśa: „Für die ganze Wahrheit über Srebrenica", S. 119ff.

Auf serbischer Seite herrscht die Meinung vor, die dort begangenen Morde seien von den vielen Gruppen freiwilliger Männer und nicht von Militärs, wie es allgemein heißt, begangen worden. Diese hätten sich in den Wäldern mit den geflohenen Muslimen Kämpfe geliefert, bei denen einige Tausend ums Leben gekommen seien. Dort sollen, ihrer Meinung nach, schließlich die wirklichen Kämpfe stattgefunden haben. Sie berichten, dass die bosnisch-muslimischen Männer sehr gut ausgerüstet und kampfbereit gewesen seien. Zusätzlich seien sie militärisch von der bosnischen Armee unterstützt worden, die dort gegen die Serben mitgekämpft habe. Bestätigt wird dies später von westlichen Beobachtern.[382] Gezielte Ermordungen in der Stadt selbst verneinen sie vehement, ebenso wie die in den Medien kursierende Zahl von 7 bis 8000 Ermordeten.[383] Auch behaupten sie, dass viele der Ermordeten, von Orićs Männern getötet worden seien, weil sie sich gegen diese gestellt hätten, wie auch die niederländischen Augenzeugen berichten. Insbesondere viele Anhänger der SDA sollen durch Kämpfe untereinander umgekommen und später als Opfer serbischer Angriffe dargestellt worden sein.[384]

### 3.3.3 Wie viele Menschen verloren wirklich ihr Leben in Srebrenica? Ein Frage, die sich nicht beantworten lässt!?

Wenn man sich die Zahlen der Opfer von Srebrenica ansieht, dann ist von 7 bis 8000 die Rede. Bei diesen soll es sich hauptsächlich um Männer zwischen 16 und 65 Jahren gehandelt ha-

382 Vgl.: Elsässer, Jürgen: „Kriegslügen", S. 58.

383 Vgl.: Ilinčić, Branko: Jugoslovenska Kriza", S. 381.

384 Vgl.: Elsässer, Jürgen: „Kriegslügen", S. 52f.

ben, die im Zuge der Besetzung der Stadt abtransportiert und durch Massenexekutionen umgebracht und abschließend in Massengräbern verscharrt worden sein sollen.[385] Bis heute werden insgesamt 43 Massengräber in Srebrenica und Umgebung vermutet, die sich ursprünglich aus einigen großen zusammengesetzt hätten, nach einiger Zeit jedoch aufgelöst worden seien, um die Taten zu vertuschen.[386] Auf der 1999 überarbeiteten Liste des Roten Kreuzes sind 7333 Menschen als vermisst gemeldet worden,[387] von denen im Jahr 2001 lediglich 2028 durch eine DNA-Untersuchung identifiziert worden sind. Diese Körper seien in insgesamt 21 Massengräbern gefunden worden, wobei 18 weitere Gräber noch nicht untersucht worden sind, sagte das UN-Kriegsverbrechertribunal in Den Haag, das die Exhumierungsarbeiten in Bosnien-Herzegowina koordiniert[388] und in regelmäßigen Abständen Bilder seiner Arbeit zugänglich macht. In vielen Gräbern wurden Augenbinden und Fesselungsspuren an den Leichen gefunden, die auf gezielte Massenexekutionen deuten. Ob diese offiziell befohlen wurden oder spontan, wie Elsässer sagt, geschehen seien, lässt sich nicht nachweisen, da bis dato kein einziger schriftlicher Befehl zu diesen Taten gefunden worden ist.[389]

Der internationale Gerichtshof in Den Haag bleibt weiterhin bei der Zahl 7–8000 und zudem lässt dieses Gericht verlautbaren, Srebrenica sei ein Ort gewesen, an dem mit Absicht und durch Planung tausende Menschen systematisch umgebracht worden seien. Seine Informationen bezieht das Gericht

385 Vgl.: Ihlau, Olaf/Mayr, Walter: „Mienenfeld Balkan", S. 131 ff.

386 Vgl.: ebd., S. 132.

387 Vgl.: Elsässer, Jürgen: „Kriegslügen", S. 46.

388 Vgl.: ebd., S. 64.

389 Vgl.: ebd., S. 65.

von Augenzeugen und Überlebenden, die dort ausgesagt haben.[390] Die bosnisch-serbische Seite spricht von anderen Zahlen. Der Ex-General Mladić berichtete bereits kurz nach Srebrenica von ca. 2000 Toten, die allerdings hauptsächlich bei den Kämpfen in den Wäldern und Bergen ums Leben gekommen seien. Seine Aussage affirmierte der Präsident der Republik Serbien 2002, indem er sich zwar bei den Opfern entschuldigte, nichtsdestotrotz erneut die ungefähre Zahl Getöteter von ca. 2000 nannte, was einem Faustschlag gegen die bosnischen Muslime gleichkam. Außerdem behauptet die serbische Seite, dass die meisten Toten durch die dreitägigen Kämpfe in den Wäldern ums Leben gekommen seien, wobei auch knapp 500 Serben ums Leben gekommen sind.[391] Darüber hinaus stützen sie sich auf Aufnahmen und Berichte der Niederlande, wie den sogenannten Debriefing Report, im Rahmen dessen die damalige Situation der dort stationierten niederländischen Soldaten untersucht wurde. In diesem wird von lediglich ca. 2-3% in Bussen und LKWs abgeführter Männer berichtet. Alle weiteren seien vorher geflohen. Die restlichen 97% sollen Frauen, Kinder und Alte gewesen sein.[392]

Schließlich wird von serbischer Seite aus behauptet, viele der als vermisst geführten Männer seien am Leben. Ihre Behauptungen stützt sie auf Berichte internationaler Beobachter, die mitunter in Zeitungen wie der NY Times erschienen. Diese berichtete am 18. Juli 2005 von 3 bis 4000 Ermordeten.[393] Diese Informationen stützen sich auf die Aussagen des zuständigen Abteilungsleiters des Roten Kreuzes für Aufklärung von Massenverbrechen in Bosnien, der 2005 sagte, dass von den

390 Vgl.: Wieser, Angela: „Ethnische Säuberungen und Völkermord", S. 101ff.

391 Vgl.: Pavić, Aleksandar: „Zabranjena istina o Srebrenici", S. 33.

392 Vgl.: Elsässer, Jürgen: „Kriegslügen", S. 53.

393 Vgl.: Pavić, Aleksandar: „Zabranjena istina o Srebrenici",, S. 31.

über 7000 als vermisst gezählten Männern insgesamt 3016 bei späteren Wahlen in Bosnien lebendig aufgetaucht seien.[394] Er schließt daraus, dass viele Verwandte anfangs nichts vom Überleben ihrer Angehörigen gewusst hätten und sie später, aus unbekannten Gründen, einfach nicht von der Liste entfernen lassen hätten. Die serbischen Machthaber gehen aber eher davon aus, dass es ein Trick der Muslime sei, die Zahl der Todesopfer in die Höhe schnellen zu lassen, um die Wut der Welt gegen die Serben zu richten, damit diese angegriffen würden. Die bosnischen Muslime jedoch bestreiten dies vehement.[395] Es lässt sich hier festhalten, dass es zwei unterschiedliche Versionen über den Ablauf in Srebrenica und die Anzahl der dortigen Opfer gibt. Eines bleibt jedoch sicher, nämlich dass viele tausend Menschen ihr Leben sinnlos verloren, wie das folgende Zitat aus dem Jahre 2005 treffend zusammenfasst:

> „Auch nach 10 Jahren fällt es schwer, die wahre Dimension des Verbrechens von Srebrenica als einzelnes großes und monströses Verbrechen zu überschauen. Begangen während der Jugoslawischen Kriege 1991-1995 ist Srebrenica aber nur der letzte Schritt einer kontinuierlichen Zerstörung, die soweit es Bosnien betrifft, im Frühjahr 1992 begonnen hatte."[396]

394 Vgl.: Ilinčić, Branko: „Jugoslovenska Kriza", S. 388.

395 Vgl.: Pavić, Aleksandar: „Zabranjena istina o Srebrenici", S. 31ff.

396 Biserko, Sonja: „Erinnerung an Srebrenica", S. 19f.

### 3.3.4 Die Stellungnahme zum Geschehenen – Reaktionen und die dazugehörigen Schuldzuweisungen

Nach den Ereignissen in Srebrenica wurden auf internationalem Boden schnell Stimmen laut, die Fragen stellten. Allerdings habe es laut Madeleine Albright, der damaligen US-amerikanischen UN-Botschafterin, dennoch bis zum 10. August gedauert, ehe man sich wirklich damit auseinandersetzte.[397] Insbesondere die Medien warfen die Frage nach dem Geschehenen in der Schutzzone und dem Aufenthaltsort der abgeführten Männer auf. Kurze Zeit später erfuhr die Weltöffentlichkeit schließlich von den vielen Ermordungen junger muslimischer Männer, wobei Videos der Taten eine maßgebliche Rolle spielten, indem sie das Grauen auf Band zeigten. Erst danach kam es zu immer größeren Vorwürfen bezüglich der Ereignisse.[398]

> „Den 11. Juli 1995 werden wir Menschen in Bosnien Herzegowina als den Tag in Erinnerung behalten, an welchem die Weltmächte durch den serbisch-montenegrinischen Aggressor in Bosnien Herzegowina besiegt wurden."[399]

Schließlich begann auch die internationale Politik, sich tatsächlich mit dem Thema Bosnienkrieg zu beschäftigen, nachdem sie vorher eine Politik des Abwartens und Nicht-Einmischens verfolgt hatte, was ihr von Seiten der bosnischen Muslime als Hilfsverweigerung vorgeworfen wurde.[400]

397 Vgl.: Albright, Madeleine: „10 Jahre danach", S. 39.

398 Vgl.: Wieser, Angela: „Ethnische Säuberungen und Völkermord", S. 9.

399 Bežlagić, Zelim: „Erinnern oder Vergessen?", S. 81.

400 Vgl.: Biserko, Sonja: „Erinnern an Srebrenica", S. 20.

Nichtsdestotrotz wurden kurz nach den Massakern um Srebrenica Schuldige gesucht, die man für den Tod der vielen tausend Menschen verantwortlich machen konnte. Schnell fielen dabei die niederländischen Blauhelme in den Fokus der Vorwürfe, da diese zum Zeitpunkt der Einnahme vor Ort waren.[401] Die serbische Diplomatin Sonja Biserko zitiert in ihrem Beitrag Erinnern an Srebrenica, im von der Heinrich-Böll-Stiftung herausgegebenen Buch Srebrenica, eine Überlebende:

> „Die internationalen Truppen, die Srebrenica als eine Schutzzone bewachten, haben diese Stadt einfach an die von Ratko Mladić geführten serbischen Truppen übergeben. Das holländische Bataillon, welches sich dort zum Schutz von Srebrenica und Žepa befand, reagierte nicht, als die Armee der bosnischen Serben diese beiden Schutzzonen einnahm."[402]

Die Überlebenden von Srebrenica machten und machen noch heute insbesondere die Niederländer für die Taten vom Juli 1995 verantwortlich, indem sie ihnen mangelnden Einsatz bei der Verteidigung der Stadt vorwerfen. Weiterhin werfen sie den damals stationierten UN-Soldaten Sympathien mit den bosnischen Serben und Antipathie gegen die bosnischen Muslime vor. Nach Juli 1995 seien schnell Vorwürfe gegen die Soldaten lautgeworden, indem ihnen von den Bosniaken kriminelle Handlungen wie Teilnahmen an Vergewaltigungen, Schwarzmarkthandel oder weitere Gewaltakte vorgeworfen worden seien, wie Kris Keulemanns in seinem Beitrag: Srebrenica, ein niederländisches Trauma schreibt.

Die Soldaten hätten sich anfangs ihrer Position gemäß verhalten, bis sie nach einiger Zeit immer arroganter geworden seien. Dies habe sich zuerst in unfreundlichem Verhalten

401 Vgl.: Biserko, Sonja: „Erinnern an Srebrenica", S. 22.

402 Ebd.

und Beleidigungen gezeigt. Eine Zeugin berichtet von Plakaten und unpassenden Bildern, die mit Sprüchen wie: „Mein Arsch ist wie ein Einheimischer, Er riecht genauso. Bosnien 1994" versehen gewesen seien und an und in den Baracken der UN-Soldaten gehangen hätten. Solche und weitere Sprüche seien tagtäglich von den eigentlich für Hilfe zuständigen Soldaten, zu hören gewesen.[403]

Nach Srebrenica tauchten auch Fotos mehrerer UN-Blauhelme auf, die während der Einnahme gemacht worden sein sollen. Auf diesen sind neben feiernden einfachen Soldaten auch die Verantwortlichen, wie der Kommandeur Karemann mit Mladić zu sehen, während sie gemeinsam trinken und feiern.[404]

Dies führte schnell dazu, dass große Teile der bosnisch-muslimischen Bevölkerung die Behauptung aufstellten, die Einnahme der Schutzzone sei zwischen den bosnischen Serben und den westlichen Beobachtern abgesprochen gewesen.[405] Im Allgemeinen war und ist die Meinung der bosnisch-muslimischen Bevölkerung über die damaligen UN-Soldaten sehr negativ, da ihnen mit die Hauptschuld für das Geschehen in Srebrenica gegeben wird.[406] Die Reaktionen der Niederländer ließen nach ersten Anschuldigungen nicht lange auf sich warten und schnell wurde eine Untersuchung diesbezüglich eingeleitet, bei der die Vorwürfe jedoch abgewiesen wurden und eine Schuldzuweisung gegen die Niederlande für nicht

403 Vgl.: Keulemans, Kris: „Srebrenica – ein niederländisches Trauma", S. 45ff.

404 Vgl.: Berić, Gojko: „Ein Feld weißer Grabsteine", S. 33.

405 Vgl.: Gebert, Konstanty: „Über die Zustimmung zum Bösen", S. 70f.

406 Vgl.: Keulemans, Kris: „Srebrenica – ein niederländisches Trauma", S. 43ff.

belegbar erklärt wurde.[407] Mit der Aufarbeitung war das niederländische Institut für Kriegsdokumentation (NIOD) beauftragt worden.[408] In dessen allgemeiner Stellungnahme wurde die Abweisung der Vorwürfe damit begründet, dass die Soldaten nicht anders hätten handeln können, da sie erstens zu unerfahren und nicht genügend ausgerüstet gewesen seien,[409] zweitens keine Erlaubnis seitens der UNO erhalten hätten, auch militärisch vorzugehen und drittens die Angst vor den serbischen Angreifern zu groß gewesen sei, sodass sie sich nicht getraut hätten, Widerstand zu leisten.[410] Weiterhin wurde festgestellt und in den Berichten des NIOD niedergeschrieben, dass die Soldaten aufgrund der schwierigen psychischen und physischen Situation sehr demotiviert und teilweise auch gelangweilt gewesen seien, was u. U. zu nicht korrektem Verhalten gegenüber der Zivilbevölkerung geführt haben könne.[411] Obwohl es nie ein Schuldeingeständnis seitens der niederländischen Regierung gab, traten der damalige niederländische Premierminister Wim Kok samt Kabinett als Geste von ihren Ämtern zurück, was ein indirektes Eingeständnis darstellte.[412] Ein wichtiger Faktor, der aus dem Bericht des NIOD, aber auch aus einem davon unabhängigen französischen Srebrenica-Bericht zur Sprache kam, war der Vorwurf gegen den damaligen bosnischen Präsidenten Alija Izedbegović, dem eine Art Beteiligung an der Planung des Massakers vorgeworfen wurde. In dem Bericht heißt es u. a.

407 Vgl.: Berić, Gojko: „Ein Feld weißer Grabsteine“, S. 33.

408 Vgl.: Elsässer, Jürgen: „Kriegslügen“, S. 61.

409 Vgl.: Keulemans, Kris: „Srebrenica – ein niederländisches Trauma“, S. 43ff.

410 Vgl.: Bogdanović, Bogdan: „Auf beiden Seiten des Flusses Drina“, S. 124.

411 Vgl.: Keulemans, Kris: „Srebrenica – ein niederländisches Trauma“, S. 45.

412 Vgl.: ebd., S. 51.

dass Politiker wie Kofi Anan mehrfach von Treffen mit dem Präsidenten berichtet hätten, in denen dieser über Gespräche mit dem damaligen US-amerikanischen Präsidenten William Clinton erzählte, der ihm angeblich gesagt hätte, dass es ein militärisches Eingreifen seitens der NATO gegen die serbischen Stellungen erst dann gebe, wenn es zu schweren Verbrechen, wie großen Massakern, komme. Auch soll Izedbegović solche Aussagen des damaligen US-amerikanischen Präsidenten vor anderen Politikern, wie auf der Konferenz in Sarajewo, 1993 wiederholt geäußert haben. Daraus schlossen die Beobachter, dass es möglich sei, dass Izedbegović die Stadt bewusst aufgegeben habe und die Menschen ihrem Schicksal überlassen habe, um einen NATO-Angriff zu erzielen.[413] Dies deckt sich mit Ansicht der bosnischen Serben, die Alija Izedbegović vorwarfen, die nächtlichen Angriffe gegen die serbischen Zivilisten angeordnet zu haben, um die Wut der restlichen bosnischen Serben so stark werden zu lassen, dass sie einen Angriff auf die Schutzzone begehen und somit die negative Aufmerksamkeit der NATO erhalten.[414]

Unabhängig davon äußerte sich auch die UNO zu den Vorfällen in Srebrenica, indem sie die volle Verantwortung für die damalige Situation übernahm und verkündete, dass man die Lage völlig falsch eingeschätzt habe:

> „Durch Irrtümer, Fehleinschätzungen und die Unfähigkeit, das Ausmaß der Verbrechen vor uns zu erkennen, versäumten wir es, die Menschen von Srebrenica vor der serbischen Kampagne des Massenmordes zu retten."[415]

413 Vgl.: Elsässer, Jürgen: „Kriegslügen", S. 61f.

414 Vgl.: ebd., S. 52.

415 Naimark, Norman M.: „Flammender Hass", S. 205.

Der ehemalige und in dieser Arbeit bereits mehrfach erwähnte UN-Diplomat Tadeusz Mazowiecki trat am 25. Juli 1995 aus Protest sogar aus seinem Amt zurück, da er seinen Vorgesetzten die Mitschuld an den Taten gab.[416]

Aber auch andere westliche Politiker äußern sich öffentlich zu den Ereignissen in Srebrenica, indem sie eine Schuld einräumen. Unter anderem äußerten sich die damalige Chefanklägerin des ICTY Carla del Ponte und der Sonderberichterstatter Richard Holbrooke dazu, indem sie schwerwiegende Fehler eingestanden. Sie sagten aus, dass die führenden Repräsentanten der EU sehr wohl ein solches Vorhaben hätten erahnen können, da sich die Situation in dieser Region Bosniens immer mehr angespannt habe und die Kämpfe untereinander immer heftiger geworden seien.[417] Auch den Vorwurf, die UNO habe einen Tag vor den Massenexekutionen durch Bilder US-amerikanischer Spionagesatelliten von der Existenz und dem Aufenthaltsort der Gefangenen gewusst, bestätigen del Ponte und Holbrooke als berechtigt, allerdings weisen sie diesbezüglich jegliche Schuld von sich, indem sie behaupten, sie hätten von der Existenz solcher Bilder erst nach den Tötungen erfahren.[418] Die UNO weist diesen speziellen Vorwurf ebenso in einem 1999 veröffentlichten Bericht von sich, indem sie vermeldet, dass sie die Bilder falsch zugeordnet habe und nicht davon ausgegangen sei, dass es sich dabei um die verschwundenen Männer handele, die u. U. umgebracht werden sollten.[419]

416 Vgl.: Schwarz-Schilling, Christian: „Srebrenica-Lessons learnt?", S. 97.

417 Vgl.: Ihlau, Olaf/Mayr, Walter: „Mienenfeld Balkan", S. 149.

418 Vgl.: ebd., S. 142.

419 Vgl.: ebd., S. 143.

Im Allgemeinen sind bei den westlichen Ländern gegenseitige Schuldzuweisungen im Umgang mit Srebrenica zu verzeichnen Man gibt vor, von jenen Ereignissen nichts zu wissen oder aber ignoriert sie. Erst nach Srebrenica begann man sich in Europa ernsthaft für das Thema Bosnienkrieg zu interessieren, wie Christian Schwarz-Schilling in seinem Buch Srebrenica – Lessons learnt? herausgearbeitet hat.[420] Auf serbischer Seite gehen die Schuldzuweisungen besonders in Richtung der internationalen Medien, die ihrer Meinung nach falsch über Srebrenica berichtet haben sollen. Sie werfen ihnen vor, falsche Berichte und Lügengeschichten veröffentlicht zu haben, um die serbische Seite als Monster darzustellen. Sie behaupten, dass sie sich mit lediglich einigen wenigen Menschen unterhalten hätten und ihre Berichte ausschließlich auf dieser Grundlage basierten. Weiterhin sollen ihre Informationen auch auf Aussagen fragwürdiger Zeugen beruhen, wie z.B. derjenigen Mevludin Orićs, Naser Orićs Bruder, der bezüglich Srebrenica viele Interviews gab.[421] Insbesondere großen Zeitschriften und Zeitungen wie dem Spiegel oder der Züricher Zeitung werfen sie eine solche Berichterstattung vor, indem sie zusätzlich die angeblich falschen Opferzahlen von 8000 veröffentlichten.[422] Ein weiterer Punkt, den die serbische Seite in diesem Zusammenhang kritisiert, sind die in den Den Haag stattfindenden Prozesse, die nach deren Meinung auf sehr fragwürdigen Zeugenaussagen beruhten. Einer der Hauptzeugen im Prozess des internationalen Strafgerichtshofs ist der ehemalige Soldat Dražen Erdemović, der für seine Aussagen Strafmilderung erhalten hat und somit nicht glaubwürdig sei. Weiterhin kritisiert sie, dass viele ehemalige Zeugen, auf die man sich in den Untersuchungen und

420 Vgl.: Schwarz-Schilling, Christian: „Srebrenica-Lessons learnt?", S. 93ff.

421 Vgl.: Elsässer, Jürgen: „Kriegslügen", S. 45ff.

422 Vgl.: ebd., S. 51.

Verfahren bezog, in der Srebrenicauntersuchung 1996 von dem internationalen Gericht als Lügner enttarnt worden waren, was letztendlich auch den Grund dafür darstellt, weshalb sie den Internationalen Gerichtshof in Den Haag in dessen Funktion nicht akzeptieren.[423]

### 3.3.5 Die Verhaftung des ehemaligen Generals Ratko Mladić als aktueller Gegenwartsbezug

Aufgrund der momentan aktuellen Ereignisse soll in diesem Kapitel kurz auf die Rolle des damaligen serbischen Generals der bosnisch-serbischen Armee Ratko Mladić eingegangen werden. Er ist während des Verfassens dieser Arbeit, am 26.05.2011, nach über 16 Jahren des Versteckens in Serbien verhaftet und an das Kriegsverbrechertribunal nach Den Haag ausgeliefert worden, wo ihm ab dem 04.07.2011 der Prozess wegen Kriegs-verbrechen gemacht werden soll.[424]

Der ehemalige General Ratko Mladić wurde am 12. Mai 1992 von dem damaligen Präsidenten der Republik Serbien, Radovan Karađić, als Oberbefehlshaber des Generalstabs der Armee der Republik Serbien in Bosnien-Herzegowina eingesetzt.[425] Durch seine Verdienste in mehreren Einsätzen galt er als der erfahrenste und insgesamt beste Mann für diese Position, vor dem alle Militärangehörigen, sowohl die serbischen als auch die bosnischen und kroatischen, Respekt hatten.[426] Ratko Mladić wird vorgeworfen, den Massenmord an tau-

---

423 Vgl.: Elsässer, Jürgen: „Kriegslügen", S. 50.

424 Vgl.: http://www.icty.org/x/cases/mladic/cis/en/cis_mladic_en.pdf.

425 Vgl.: Del Ponte, Carla: „Der ICTY: Richten und Erinnern", S. 146.

426 Vgl.: Lopušina, Marko: „Naj traženija srpska glava", S. 233.

senden männlichen Muslimen in der Stadt Srebrenica organisiert und befohlen zu haben[427]. Auf bosnischer und bosnisch-kroatischer Seite gilt Mladić heute als einer der schlimmsten Kriegsverbrecher des Bosnienkrieges, der tausende Menschenleben auf dem Gewissen haben soll. Zeugen berichten von ihm als einem gefährlichen und beängstigenden Mann, vor dessen militärischen Auftreten alle Angst gehabt hätten.[428]

Über seine Verhaftung sind vor allem die Bosniaken äußert erfreut. Hierdurch erhoffen sie sich für die Ereignisse in Srebrenica eine kleine Genugtuung.[429] Zeitungen, Fernsehsender oder auch Radiostationen berichten momentan fast ausschließlich über die Festnahme Mladićs, was hauptsächlich mit der Überraschung der Menschen zu tun hat. Viele Bosniaken können es nicht glauben, dass der Mann, von dem sie alle gedacht hatten, dass man ihn niemals festnähme, doch noch an das Den Haager Kriegsverbrechertribunal übergeben worden ist.[430]

Schaut man nach den medialen Reaktion dieser Verhaftung, wird man mit einer Flut an Nachrichten und Überschriften konfrontiert. Der Sender RTS veröffentlichte z. B. am 06. Juni 2011 einen Artikel mit der Überschrift: Hapśenje Mladića sjajan rezultan[431]. Der Internetdienst Muslim-Media schrieb, es

427 Vgl.: Del Ponte, Carl: „Der ICTY: Richten und Erinnern", S. 145.

428 Vgl.: ebd., S. 145ff.

429 Vgl.: http://www.najvesti.com/vesti-dana/596708-Hapsenje-Mladi ca-sjajan-rezultat.

430 Vgl.: Biserko, Sonja: „Erinnern an Srebrenica", S. 24.

431 „Die Festnahme Mladićs – ein glorreiches Ereignis". Http://www.najvesti.com/vesti-dana/596708-Hapsenje-Mladica-sjajan-rezultat .

sei ein: „Istorijski trenutak".[432] Der depo-Nachrichtendienst berichtete: „Pravda za monstruma genocida i srebreničkog koljača Ratka Mladića nažalost dolazi prekasno".[433] Solche und weitere Überschriften lassen sich momentan zu dutzenden im Internet finden. Auch die Reaktionen der einfachen bosnisch muslimischen Bevölkerung spiegeln diese Aussagen wieder.

Zeitungen und Fernsehsender veröffentlichen in Mengen Interviewmitschnitte und Aussagen von Einwohnern Bosniens bis hin zu den direkt Betroffene, eben um die Stimmung im Land festzuhalten, da die Bevölkerung die Festnahme des ehemaligen Generals begrüßt. Insbesondere in der Hauptstadt Sarajewo kam es nach Überbringung der Nachricht von dessen Verhaftung zu viel Beifall und Erleichterung. Die Nachrichtenagentur dw veröffentlichte Aussagen interviewter Passanten wie: „Jel` istina? Najbolja vijest koja je stigla", „Drago mi je što je uhvaćen", „Bilo je i vrijeme-Srbija je to mogla davno da uradi".[434] Die Menschen gehen auf die Straßen und zeigen ihre Begeisterung. Viele Bosniaken werfen parallel die Frage auf, weshalb die Verhaftung denn nicht

432 „Ein geschichtsträchtiger Tag". Http://www.okcsana.org/index.php?option=com_content&view=article&id=19555:istorijski-trenutak-reakcije-iz-svijeta-na-mladievo-uhienje&catid=43:svijet&Itemid=88.

433 „Die Festnahme des Schlächters von Srebrenica, eines Monsters, der für den Genozid verantwortlich ist, kommt leider viel zu spät." Http://www.depo.ba/front/ahmetovic-smatra-kako-se-hapsenje-moglo-desiti-i-prije

434 „Ist das wahr? – die beste Nachricht des Tages.", „Ich freue mich sehr über seine Festnahme.", „Es war ja auch schon lange an der Zeit, Serbien hätte das schon viel eher machen können, wenn es das gewollt hätte." Http://www.dw-world.de/dw/article/0,,15109530,00.html.

schon früher stattgefunden habe.[435] Der Bosniake Almir Panejta gab ein Interview und sagte:

> „Ovo hapšenje pokazuje jeste da je Srbija celeo vreme lagala, očito su znali gde je Ratko Mladić, jednostavno su najavili i uhapsili ga jer im je trebalo za ostvarenje odredjenih političkih ciljeva i očito je on predmet političke trgovine", ocenio je stanovnik Sarajeva Almir Panjeta."[436]

Aber auch die Menschen aus Srebrenica, eben jenem Ort, an dem Mladić einen Massenmord befohlen haben soll, sind froh und erleichtert, dass er festgenommen worden ist. Dutzende Überlebende melden sich derzeit zu Wort und begrüßen die Tatsache, dass der Ex-General in Haft sitzt.[437] Frauen, aus der Organisation Mütter aus Srebrenica sagten in den vergangenen Tagen Folgendes zur Festnahme:

> „Mi smo čekali tu vest već punih 16 godina. One osobe koje su ga jutros uhapsile, sve vreme su znali gde se balkanski bošnjački kasapin nalazi."[438]

Zumra Sehomerović äußerte sich wie folgt:

> „Zamišljam koliko ljudi nema medju živima, zbog takvih zločina koji su nagradjeni životom 15 godina."[439]

---

435 Vgl.: http://www.voanews.com/serbian/news/bosnia-mladic-reacts-122677784.html.

436 „Diese Festnahme zeigt, dass Serbien die ganze Zeit über gelogen hat und dass sie alle wussten, wo Ratko Mladić ist." Ebd.

437 Vgl.: http://islambosna.ba/tekstovi-i-knjige/genocid/24195-saff-294-reakcije-srebreniana-na-vijest-o-hapenju-ratnog-zloinca-ratka-mladia.

438 „Auf diese Nachricht warten wir schon ganze 16 Jahre. Diese Personen, die ihn heute Morgen festnahmen, wussten die ganze Zeit über, wo sich der Schlächter vom Balkan befindet." Ebd.

439 „Überlege, wie viele Menschen nicht mehr unter den Lebenden weilen, wegen solcher Verbrecher, die dagegen seit 15 Jahren weiterleben dürfen." Ebd.

Kada Hotić, eine weitere Überlebende und in dieser Arbeit bereits einmal zitiert, sagte, als sie die Nachricht hörte:

> „Godinama čekam istinu, godinama čekam da zločinci odgovaraju. Ko je imao pravo narediti da se moj sin ubije, prav, zdrav, lep, mlad, pun života, koje imao pravo da me istera iz mog grada a da ne odgovara?"[440]

Auf Seiten der Republik Serbien lassen sich solche Aussagen nicht finden. Hier stehen Berichte über die Festnahme Mladićs, seine körperliche Verfassung und die Umstände seiner Auslieferung im Vordergrund. Dabei wird der Fokus ganz auf Serbien und seinen Präsidenten Boris Tadić gelegt, den die bosnischen Serben als Verräter bezeichnen.[441]

Die vermeintliche Begebenheit, dass er, ein in Bosnien-Herzegowina geborener Serbe,[442] den ehemaligen General der bosnisch-serbischen Armee an Europa verkauft habe, wie es überall heißt, macht ihn momentan zu der meistgehassten Person in der Republik Serbien. Besonders deutlich wird dies auf den Demonstrationen, die in der Republik Serbien stattfanden, auf denen aufgebrachte Männer und Frauen ge-

440 „Seit Jahren warte ich auf Gerechtigkeit, ich warte darauf, dass die Schuldigen endlich verurteilt werden, denn wer hatte das Recht, die Ermordung meines Sohnes zu befehlen, eines Mannes, der jung, schön gesund, unschuldig und voller Leben war, und wer hatte das Recht, mich aus meiner Stadt zu vertreiben und dafür nicht zur Rechenschaft gezogen zu werden?" Http://islambosna.ba/tekstovi-i-knjige/genocid/24195-saff-294-reakcije-srebreniana-na-vijest-o-hapenju-ratnog-zloinca-ratka-mladia.

441 Vgl.: http://www.depo.ba/hronika/junacki-focaci-ponosni-sto-ih-je-u-ratu-predvodio-mladic-iz-zvornika-porucili-da-tadic-nije-dobrodosao.

442 Vgl.: http://www.tagesspiegel.de/zeitung/wer-ist-boris-tadic/1287756.html.

gen die Auslieferung Ratko Mladićs protestierten. Der depo-Nachrichtendienst veröffentlichte Bilder von Protestanten mit Bannern und Plakaten, auf denen u. a. Aussagen über die Unzufriedenheit der Menschen zu lesen sind, wie:

> „Tadiću, nisi izdao Mladića, izdao si srpski narod" oder
> „Tadiću, sram te bilo"[443]

Auch waren vielerorts Sprüche wie: „Generale, mi so zu tebe"[444] oder Bekundungen, Mladićs sei ihr Held, mit riesigen Abbildungen dessen zu sehen. Diese und andere solcher Bilder lassen sich überall auf den Straßen der Republik Serbien wiederfinden.[445]

Befragt man die Menschen persönlich, dann sind es eigentlich immer die gleichen Antworten, die einem entgegnet werden. Ein Bewohner Banja Lukas sagte am Tag der Festnahme: „Mislim da njega niko nije trebao da dira" und „Neka ih bude sramota šta rade od srpskog naroda".[446] Es sei ein Verrat am serbischen Volk und einem Mann, der nur für dieses gekämpft habe. Er sei der einzige wahre Kämpfer für die Serben im Bosnienkrieg gewesen, der allein für sein Volk eingetreten sei und sich nicht, wie die Politiker Milošević oder Karađić,

443 „Tadić, du hast nicht Mladić verraten, sondern das serbische Volk" und „Tadić, du solltest dich schämen." Http://www.depo.ba/hronika/junacki-focaci-ponosni-sto-ih-je-u-ratu-predvodio-mladic-iz-zvornika-porucili-da-tadic-nije-dobrodosao.

444 „General, wir stehen hinter dir!" Http://www.vijesti.me/svijet/u-istocnom-sarajevu-palama-zbog-hapsenja-mladica-protestuje-3-000-ljudi-clanak-21737.

445 Http://www.24sata.info/thumbnail.php?file=news/2011/june/ratko_mladic_banja_luka_566120312.jpg&size=article_medium.

446 „Ich finde, man hätte ihn in Ruhe lassen können", „Sie sollten sich schämen, was sie mit dem serbischen Volk anrichten und was sie ihm alles antun." Hhttp://www.dw-world.de/dw/article/0,,15109530,00.html.

an seinem Leid bereichert habe. Dafür würden sie ihn lieben und immer hinter ihm stehen.[447] Seine Auslieferung an das Tribunal in Den Haag können die bosnischen Serben daher nicht nachvollziehen, insbesondere unter den Bedingungen, dass ihr Held gesundheitlich schwer angeschlagen ist. Dass er dennoch an das Gericht übergeben wird, gleicht vielen einem Landesverrat. „Kooperation mit dem Den Haager Tribunal stellt Hochverrat dar"[448], riefen die Demonstranten. Wie die Reaktionen sich weiter entwickeln, bleibt abzuwarten.

Die Politiker Bosniens und der Welt zeigten sich der Festnahme Mladićs allerdings nicht besonders skeptisch gegenüber. Von aller Welt bekam Präsident Tadić Glückwünsche ausgesprochen, dass er, der serbische Präsident, „sich zu so einem mutigen Schritt", wie der US-amerikanische Präsident Obama sagte, überwunden habe. Weiter sagte Obama weiter:

> „Danas je važan dan za porodice žrtava generala Mladića, za Srbiju, za Bosnu, za Sjedinjene Američke Sržave i međunarodnu pravdu".[449]

Auch weitere Politiker gratulierten dem Präsidenten unverzüglich zu diesem Schritt und bescheinigten ihm, das Richtige getan zu haben. Hier nun einige Auszüge, die für sich selber sprechen sollen:

Angela Merkel, Bundeskanzlerin der Bundesrepublik Deutschland:

---

447 Vgl.: Lopušina, Marko: „Naj traženija srpska glava", S. 233ff.

448 Http://www.spiegel.de/politik/ausland/0,1518,765574,00.htm.

449 „Heute ist ein wichtiger Tag für die Familien von Mladićs Opfern, für Serbien, für Bosnien, für die Vereinigten Staaten und für einen zwischenmenschlichen Frieden." Http://www.novosti.rs/vesti/naslovna/aktuelno.69.html:331971-Reakcije-na-hapsenje-Mladica.

> „Nemački kancelar Angela Merkel pozdravila je danas hapšenje Ratka Mladića, ocenivši da je to dobra vest za celu Evropu i dobra osnova za pomirenje i evropsku budućnost regiona."[450]

Carla Del Ponte, ehemalige Chefanklägerin des internationalen Kriegsverbrechertribunals in Den Haag:

> „Nakon hapšenja Ratka Mladića više nema prepreka na putu Srbije ka Evropskoj uniji."[451]

Madeleine Albright, ehemalige US-amerikanische Botschafterin während des Bosnienkrieges:

> „Mladić je pokušao da bude heroj i pobednik. Umesto toga, živeo je kao begunac, a sada se suočava sa višegodišnjom zatvorskom kaznom."[452]

Ban Ki-moon, Generalsekretär der UNO:

> „Ovo je istorijski dan za međunarodnu pravdu."[453]

---

450 „Die deutsche Bundeskanzlerin Angela Merkel begrüßte die Verhaftung Ratko Mladićs heute. Sie sagte, dass dies eine gute Nachricht für ganz Europa sei und dass somit ein festes Fundament für die künftige Zukunft des Balkans in Europa gelegt wurde." Http://www.novosti.rs/vesti/naslovna/aktuelno.69.html:331971-Reakcije-na-hapsenje-Mladica.

451 „Nach der Festnahme Ratko Mladić sind nun alle Hindernisse Serbiens für einen Beitritt in die EU abgeschafft worden." Ebd.

452 „Mladić hat versucht ein Held und Sieger zu sein. Stattdessen lebte er wie ein Flüchtiger, der sich nur versteckt hat und den jetzt eine mehrjährige Haftstrafe erwartet." Ebd.

453 „Das ist ein historischer Moment für den zwischenmenschlichen und internationalen Frieden." Ebd.

Anders Fog Rasmusen, Generalsekretär der NATO:

„Korak ka cjelovitoj, slobodnoj i mirnoj Evropi."[454]

Ivo Josipović, kroatischer Präsident:

„Ovo uhićenje je važan iskorak za Srbiju u njenim ambicijama za europsku integraciju i to je vrlo važno i za odnose u regionu."[455]

Die Politiker Serbiens und Bosniens begrüßten die Festnahme Mladićs ebenfalls:

Slavica Đukić Dejanović, Bundespräsidentin Serbiens:

„Hapšenje Ratka Mladića je dokaz poštovanja zakona o saradnji s Haaškim tribunalom."[456]

Vuk Drašković, Parteivorsitzender der Srpskoj pokretnoj obnovi:

„Hapšenje Ratka Mladića je predstavlja oslobađanje Srbije i širom otvara vrata evropskoj i demokratskoj budućnosti srpske države i naroda."[457]

454 „Der Schritt für ein gesamtes, freies und friedliches Europa." Http://www.nezavisne.com/novosti/bih/Zbirne-reakcije-na-hapsenje-Mladica-Nova-era-u-odnosima-Srbije-i-EU-91048.html.

455 „Diese Festnahme stellt einen wichtigen Schritt für Serbien und seine Ziele in die EU zu kommen, dar. Weiter ist es auch ein wichtiges Moment für die Region selbst." Ebd.

456 „Die Verhaftung Ratko Mladićs zeigt den Respekt vor dem Gesetz und vor der Zusammenarbeit mit dem Hager Kriegsverbrechertribunal." Http://www.brcko.in/vijesti/svijet/1142-reakcije-srbijanskih-politicara-na-hapsenje-ratka-mladica.html.

457 „Die Verhaftung Ratko Mladićs steht für eine Befreiung Serbiens von der Vergangenheit und sie eröffnet dem demokratischen serbischen Staat und seinem Volk die Tür nach Europa." Ebd.

Čedomir Jovanović, Parteivorsitzender der liberaldemokratischen Partei Serbiens:

> „Hapšenjem Ratka Mladića je okončani desetogodišnje mučenje i agonija.“[458]

Željko Komšić, kroatischer Abgeordneter im bosnischen Bundestag:

> „Ovo hapšenje će dati dodatni podsticaj procesima regionalnog pomirenja pri čemu je vrlo važno istaći da je hapšenje izvršeno od strane zvaničnih institucija Srbije uz pomoć zvaničnih institucija BiH. Ta odlučnost daje nam za pravo da se nadamo jednom novom poglavlju u saradnji između dvije države.“[459]

Selmo Cikotić, Verteidigungsminister Bosnien-Herzegowinas:

> „Mislim da će za ukupnu rekonstrukciju odnosa u BiH, za definisanje karaktera rata, ovo biti jedan veliki iskorak unaprijed.“[460]

---

458 „Die Festnahme Ratko Mladićs beendet die mehr als 10 jährigen Qualen und Unwissenheit.“ Http://www.brcko.in/vijesti/svijet/1142-reakcije-srbijanskih-politicara-na-hapsenje-ratka-mladica.html.

459 „Diese Festnahme stellt einen entscheidenden Schritt bei den Friedensprozessen in der Region dar, was u. a. auch damit zu tun hat, dass sie von den serbischen Behörden in Zusammenarbeit mit den bosnischen Institutionen durchgeführt wurde – und nicht von Fremden. Diese Entscheidung stellt ein ganz neues Kapitel in der Zusammenarbeit dieser beiden Länder dar.“ Http://www.dw-world.de/dw/article/0,,15109530,00.html.

460 Ich denke, dass dies für die Beziehungen in Bosnien-Herzegowina untereinander und für die gesamte Aufarbeitung des Krieges einen großen Schritt nach vorne bedeutet.“ Ebd.

Auf Seiten der Politik der Republik Serbien äußerte man sich dagegen eher zurückhaltend. Der Präsident Milorad Dodik sagte am Tag Mladićs Festnahme:

> „Hapšenje generala Ratka Mladića predstavlja ispunjenje međuanordnih obaveza iz Dejtonskog mirovnog sporazuma koje su preuzele sve države u regionu. [...] Nadam se da će se uskoro pred licem pravde naći i general Atif Dudaković, Naser Orić i ostali visoki politički funkcioneri i generali takozvane Armije BiH, jer bi to značilo da BiH ima šanse da na istini izgradi neophodno poverenje."[461]

Aleksandar Džombić, Premierminister der Republik Serbien:

> „Svi osumnjičeni za ratne zločine treba da budu izvedeni pred lice pravde i da im se u pravednom sudskom procesu dokaže ili pobije eventualna krivica. Prema njegovim rečima, bude li dokazano da su zločini počinjeni, krivica nikada ne može biti kolektivna, već isključivo individualna."[462]

461 „Die Festnahme Ratko Mladićs stellt die Erfüllung des Daytoner Friedensabkommens dar, der sich alle Länder zugewandt haben. Ich hoffe aber auch, dass sich bald auch Atif Dudaković, Naser Orić und andere Politiker und Soldaten der sogenannten bosnischen Armee vor dem Gesetz verantworten müssen, da dies eine einmalige Gelegenheit für Bosnien wäre, seine Glaubwürdigkeit zu bestätigen." Http://www.novosti.rs/vesti/naslovna/aktuelno.69.html:331971-Reakcije-na-hapsenje-Mladica.

462 „Alle wegen Kriegsverbrechen angeklagten Personen müssen vor Gericht gebracht werden, wo ihnen in einem gerechten Verfahren ihre Schuld oder Unschuld nachgewiesen werden sollte. Wenn ihnen jedoch eine Schuld nachgewiesen wird, dann muss man sich darüber im Klaren sein, dass diese nicht von einer Großgruppe ausgeht, sondern sie muss immer als etwas Individuelles betrachtet werden." Http://www.dw-world.de/dw/article/0,,15109530,00.html.

### 3.3.5.1 Mladićs Rolle in Srebrenica

Die Verhaftung eines alten Mannes führte in der ganzen Welt zu großer Diskussion und Unruhe. Während der ersten Woche war von Gratulationen bis zu Vorwürfen alles in den Medien zu sehen. Hier stellt sich jedoch die Frage nach dem „Warum". Wieso löst die Festnahme eines einzelnen Mannes so viel Bewegung in der Welt aus? Hierzu muss man sich die Rolle Ratko Mladićs im Bosnienkrieg vergegenwärtigen. Er war, wie bereits erwähnt, General der Armee der Republik Serbien, die während des Bosnienkrieges von 1992 bis 1995 für Gebietsansprüche und gegen die anderen beiden bosnischen Volksgruppen kämpfte. Die bosnisch-serbische Armee galt bis kurz vor dem Ende des Krieges als die stärkste der drei Parteien und ihr Anführer, Ratko Mladić, galt als Volksheld.[463] Über ihn existieren dutzende von Legenden, die sein Ansehen vor allem in der bosnisch-serbischen Bevölkerung immer höher werden ließen. Die Menschen verehrten und verehren ihn auch heute noch als einen serbischen Nationalhelden, der für sein Volk gekämpft habe. Durch seinen Einsatz an der Front, an der er immer selbst mitgekämpft haben soll, schauen die Menschen zu ihm auf. Er stellt für sie einen Mann dar, der nicht andere für sich kämpfen ließ, sondern mit seinen Männern für eine gemeinsame Sache kämpfte, die im Bosnienkrieg das Serbentum war.[464] Ljubodrag Stojadinović fasst in seinem Buch Ratko Mladić[465] – Heroj ili ratni zločinac, wie er meint, die Meinung der bosnisch-serbischen Bevölkerung zusammen, indem er, z. B. schreibt, dass Mladić von der restlichen Welt fälschlich als Kriegsverbrecher dargestellt worden sei:

---

463 Vgl.: Lopušina, Marko: „Naj traženija srpska glava", S. 233ff.

464 Vgl.: Ebd.

465 „Ratko Mladić – Held oder Kriegsverbrecher?"

> „U domaćoj i svetskoj javnosti bile su u opticaju brojne varijante „javnog lika" generala Ratka Mladića. U početku, on je bio „komandant iznenađenje", novi srpski vojskovođa, koji je ponikao iz JNA, a razlikuje se od svega što je tamo viđeno, čovek koji je, sve koji su ga upoznali u ratnom ambijentu, fascinirao svojom neverovatnom hrabrošću. Za srpske medije on je odjednom postao novi srpski junak iz legendarne nacionalne ratne magije, čovek koji može sve, i kome vojskovođe iz nekada bratskih nacionalnosti ne mogu biti ravni. Taj herojski stereotip nisu delili evropski i svetski mediji. [...] Oni su stvarali sopstvene ratne personalne modele, i ubrzo je Mladić za njih postao fascinantni, surovi ratnik, koji se cinično igra sa protivničkim vojskama i životima njenih ljudi. [...] Za svet Ratko Mladić je tada „neosporni ratni pobednik", ali i čovek kome se pripisuju zločini, „koje je činio, ili njih nije sprečavao."[466]

466 „In einheimischen und fremden Berichterstattungen waren zahlreiche Versionen von Geschichten über General Ratko Mladić zu lesen. Zu Beginn war er ein Kommandant der alle verblüffte, ein neuer serbischer Militärführer, der aus der ehemaligen JNA herauswuchs und der aus allem Bekannten herausstach; ein Mann, der die Menschen, die ihm während des Krieges begegnen durften, mit seinem Können und Mut faszinierte. Für die serbischen Medien wurde er schnell zu einem legendären Helden, der aus dem kriegerischen Mythos erwuchs; ein Mann der zu allem in der Lage war und dem kein anderer bekannter Militärführer der Vergangenheit das Wasser reichen konnte. Dieser Eindruck eines Helden wurde jedoch nicht von den europäischen und internationalen Medien geteilt. Sie erschufen ihr eigenes Bild von ihm, indem Mladić schnell zu einem rücksichtslosen Söldner wurde, der mit Zynismus gegen seine militärischen Gegner vorging und mit dem Leben seiner Opfer spielte. Für die Welt war Ratko Mladić damals der unangezweifelte Sieger des Krieges, aber auch der Mann, dem alle verübten Kriegsverbrechen zur Last gelegt werden, ganz egal, ob er diese begangen hat oder nicht." Stojadinović, Ljubodrag: „Ratko Mladić – Heroj ili ratni zločinac", S. 175f.

Durch Srebrenica geriet Mladić international immer mehr ins Abseits. Er wurde vom internationalen Strafgerichtshof öffentlich als Kriegsverbrecher angeklagt und wegen 20 verschiedener Delikte forderten sie ab 1995 seine Festnahme und Auslieferung nach Den Haag.[467] Er selbst reagierte immer abweisend auf dieses Thema, indem er dessen Inhalt als Lüge abtat. Stets bestätigte er nichts Falsches getan und auch keine Befehle für Massenhinrichtungen gegeben zu haben. In einem Interview, das während des Krieges geführt wurde, sagte er:

> „Ja to gledam tako: Činijo sam sve što su činili i drugi da bi odbranijo svoj narod. To je naŝa patriotska dužnost. Za meine nebi moglo da se kaže, da imam rogove na glavi, da sam izvrŝijo invaziju u vijetnamu, kambođi, zalivu, ni u zomaliji. Branijo sam sopstveni dom i narod."[468]

Auch dem *Spiegel* gab er 1994 ein Interview, in dem er auf die Frage nach seinem Vorgehen und er ob er nicht befürchte, irgendwann einmal deswegen angeklagt zu werden, seine Einstellung wiederholte:

> „Wenn US-Generäle, die in Vietnam dienten, oder britische Offiziere, die auf den Falkland-Inseln wüteten, sich einem Kriegsgericht stellen, dann werde auch ich freiwillig nach Den Haag reisen. Die haben in fremdem Land Krieg geführt. Ich verteidige für unser Volk, was unsere Vorfahren uns übergeben haben. Nicht mit ei-

---

467 Vgl.: Del Ponte, Carla: „Der ICTY: Richten und Erinnern", S. 145.

468 „Ich sehe das so: Ich habe all das getan, was auch die anderen beiden getan haben, um ihr Volk zu beschützen. Immerhin ist das unsere patriotische Pflicht. Mir kann man doch nicht nachsagen, ich hätte Hörner auf dem Kopf und sei ein Teufel, da ich z.B. keine Länder wie Vietnam, Kambodscha, den Nahen Osten oder auch Somalia hinterrücks überfallen habe, wie andere Länder. Ich habe lediglich mein eigenes Volk beschützt." Lopuŝina, Marko: „Naj traženija srpska glava", S. 245f.

ner einzigen Kampfhandlung habe ich gegen die Genfer Konvention verstoßen. Wo Verbrechen begangen wurden, müssen sie geahndet werden – auf allen Seiten, aber der Westen darf dem Balkan nicht mit Gewalt sein Urteil aufdrängen."[469]

Gerade wegen solcher Aussagen gilt der ehemalige General Mladić in den Augen seiner Anhänger als Held. Dennoch wird er, als Befehlshaber der Armee, für die Vorgänge in Srebrenica verantwortlich gemacht. Besonders durch sein Auftreten in den besagten Julitagen ist er ins internationale Gedächtnis gerückt. Durch seine damaligen Aussagen, wie diejenige im Fernsehen: „Ich mache diese Stadt dem serbischen Volk zum Geschenk"[470] wurde er als der Hauptschuldiger betrachtet und auch als solcher für die damaligen Verbrechen angeklagt.[471] Er selbst verneinte diese Vorwürfe unablässig: „Ich verteidige nur mein Volk, dass ist mein legitimes Recht."[472] Von Verbrechen distanzierte er sich und verneinte, von diesen gewusst zu haben.[473] Diese Haltung behält der Ex-General auch heute noch bei. Während der ersten Anhörung in Den Haag bestritt er den Inhalt der Anklageschrift und beklagte sich darüber, dass er als ein solcher Mann präsentiert werde.[474] Er wiederholte ständig, dass nicht er und seine Armee, sondern die paramilitärischen Einheiten für die grausamen Verbrechen in Srebrenica verantwortlich seien.[475]

469 Der Spiegel, Heft 45/1994, S. 151.

470 Ihlau, Olaf/Mayr, Walter: „Mienenfeld Balkan", S. 140.

471 Vgl.: ebd., S. 140ff.

472 Ebd. S. 99.

473 Vgl.: ebd.

474 Vgl.: http://www.youtube.com/watch?v=VHZhUHv68yQ.

475 Vgl.: http://www.plima.info/index.php?option=com_content&view=article&id=7637:mladi-za-srebrenicu-nisam-odgovoran-ja-ne-

Von bosnisch-muslimischer Seite wird die Festnahme Mladićs zwar gefeiert, sie wird jedoch von Vorwürfen begleitet, man habe ihn viel zu spät ausgeliefert. Die Menschen klagen, dass er sich angeblich die ganzen Jahre über frei in Serbien bewegt und ein normales Leben geführt habe. Auch soll er von der serbischen Regierung all die Jahre geschützt worden sein, wie die Medien immer wieder berichteten. Jetzt, nach der Festnahme Mladićs, werden diese Vorwürfe wieder laut. Der *Spiegel* fasste diese Vorwürfe bereits 2009 in einer Ausgabe ab, indem man Interviews mit hochrangigen Insidern führte, die diese Aussagen bestätigten. U. a. wurde der damalige Sozialminister Ljajić zitiert, der ausgesagt hatte, dass die Regierung in Serbien Mladić in den ersten Jahren sehr wohl geschützt habe, da sie Angst vor Unruhen in der Bevölkerung gehabt habe. Insbesondere die Armee soll noch sehr lange hinter ihm gestanden haben, was eine Auslieferung unmöglich gemacht habe.[476] Auch sollen der damalige Präsident Vojislav Koštunica und der ermordete Premierminister Zoran Djinđić von seinem Aufenthaltsort gewusst haben, sie hätten ihn aber aus Angst bewusst geschützt. Ratko Mladić soll sogar um die 50 Leibwächter um sich herum gehabt haben, die ihn vor einem möglichen Verrat geschützt hätten, wie ein Insider sagt.[477] Auch werden diese Informationen durch interne Berichte in Bosnien stationierter FBI Agenten bestätigt, die auf der Internetseite von Wikileaks aufgetaucht seien, wie die Medien berichten. Diese werden jetzt nach der Verhaftung Mladićs wieder aufgerollt; und es kommen immer mehr Informationen zu seinem Leben ans Tageslicht.[478]

---

go-paravojska-i-parapolicija&catid=51:vijesti-iz-regije&Itemid=62.

476 Vgl.: Der Spiegel, Heft 40/2009, S. 114.

477 Vgl.: Ebd.

478 Vgl.: http://www.plima.info/index.php?option=com_content&view=article&id=7536:hapenje-ratka-mladia-agent-fbi-odradio-kljuni-dio-posla&catid=43:vijesti-iz-svijeta&Itemid=55.

## 3.4 Der allgemeine Umgang mit dem Krieg – Verarbeitung oder doch Verdrängung?

### 3.4.1 Die Zeit nach dem Krieg – „Es haben doch alle getan"

Aus den vorangegangenen Erörterungen und Analysen zum Bosnienkrieg lässt sich die These aufstellen, dass Milošević und Karađić, Tuđman und Izedbegović ein ausschlaggebende Faktoren für den Krieg und seinen Verlauf gewesen sind. Hierbei stellt sich die Frage, wie die Reaktionen nach dem Ende des Krieges auf alles Geschehene sind? Wie stehen die Menschen heute zu den Taten, die vielleicht sie, ihre Nachbarn oder Freunde begangen haben; und wie stehen sie im Nachhinein überhaupt zum Krieg selbst? Dazu wurde, in der für diese Arbeit verwendeten Literatur, immer wieder auf bestimmte Aussagen hingedeutet, die pauschal für die gesamte bosnische Bevölkerung stünden. Ein Aspekt taucht hierbei wie selbstverständlich auf: Die drei Seiten weisen sich gegenseitig die Schuld zu.

Jede der drei Seiten – sei es die kroatische, serbische oder bosnisch-muslimische –, sie alle werfen sich gegenseitig die Hauptschuld für den Kriegsausbruch und -verlauf zu. Dabei kristallisiert sich aber zumindest auf Seiten der Kroaten und Muslime ein gewisses Übereinstimmen heraus, indem sie beide die Serben als die Schlimmsten; als diejenigen bezeichnen, die am meisten Leid in Bosnien verübt haben sollen.[479] Diese wiederum bestätigen ihre militärische Überlegenheit, indem sie diese in den Vordergrund und als logische Konsequenz herausstellen.[480]

479 Vgl.: Biserko, Sonja: „Erinnern an Srebrenica", S. 23ff.

480 Vgl.: Žuneć, Ozren, Kulenović, Terik: „Die Jugoslawische Volksarmee und ihre Erben", S. 395.

Befragt man die Bevölkerung eindringlicher, stellt sich insbesondere ein bestimmtes Thema als sehr prägnant heraus, nämlich die Frage nach den Verbrechen im Krieg. Inhalte wie Mord, Vergewaltigung, Folterung stellen eine Art Tabuthemen dar, über die nicht tatsächlich gesprochen wird – es sei denn, es geht um die Taten einer der anderen beiden Bevölkerungsgruppen. Die Verbrechen der eigenen Leute werden tabuisiert oder verharmlost. Aussagen wie: „Im Krieg haben das doch alle getan" oder „Es war halt so" sind typische Reaktionen auf solche angesprochenen Ereignisse." Die Menschen sehen die eigenen Taten als Begleiterscheinungen dieser Zeit, die zum Krieg dazugehörten.[481] Viel interessanter scheinen die Verbrechen der gegnerischen Seiten zu sein, über die man sich erbost. Hierbei fallen Begriffe wie Aggressoren, Massenmörder, Fundamentalisten, Bestien oder Ähnliches. Besonders auffällig ist dies, wenn von bestimmten als Kriegsverbrecher betitelten Personen, die in den letzten Jahren in regelmäßigen Abständen verhaftet wurden, die Rede ist. Diejenige Volksgruppe, aus der die verhaftete Person stammt, beginnt unverzüglich mit Gegenvorwürfen und Beschuldigungen, ohne dabei die mögliche Schuld der betroffenen Person in Erwägung zu ziehen.[482] Stattdessen wird eher der Schritt unternommen zu behaupten, dass diese Verhaftungen diskriminierend seien, und die Frage wird aufgeworfen, weshalb nicht auch die Pendants der gegnerischen beiden Gruppen zur Rechenschaft gezogen würden, wie im Falle der Verhaftung Ex-Generals Ratko Mladić vor kurzer Zeit. Bei den Protesten auf den Straßen forderten die Serben, eher den bereits in der Arbeit erwähnten Naser Orić zu verurteilen, denn dies

481 Vgl.: Biserko, Sonja: „Erinnern an Srebrenica", S. 23ff.

482 Vgl.: Popoov, Nebojša: „Die Hervorbringung des Bösen und Guten", S. 134.

sei in ihren Augen gerecht. Nicht nur setzt man sich für die Seinen ein, man stilisiert sie auch zu Helden.[483]

Alle drei Volksgruppen, aber insbesondere die Muslime und Serben, fühlen sich in diesem Punkt am stärksten betrogen. Die Muslime klagten öffentlich darüber, dass bestimmte Personen des Krieges, wie Milošević, Mladić und Karađić, in ihren Augen gar nicht oder erst relativ spät zur Rechenschaft gezogen worden sind. Sie warfen der Welt öffentlich vor, nichts für die schnelle Verhaftung der Männer getan zu haben.[484] Auf Seiten der Serben verhält sich dies etwas anders. Diese werfen gerade den westlichen Politikern vor, die Schuld alleine bei ihnen zu suchen und nur ihre Volksleute zu verfolgen. Schuldige der anderen beiden Parteien würden sie nicht so intensiv verfolgen, wie sie am Fall des durch das Tribunal in Den Haag entlassenen Orićs festmachen.[485] Dafür machen sie insbesondere die westliche Berichterstattung während des Krieges verantwortlich, die u. a. auch Jürgen Elsässer in seinem Buch Kriegslügen – Der Nato Angriff auf Jugoslawien anspricht. Gerade zu Beginn des Krieges sei diese sehr eindimensional gewesen, und die Serben seien schnell als Hauptverantwortliche ausfindig gemacht worden. Die Verbrechen der beiden anderen Parteien, wie er sagt, seien hierbei untergegangen und schnell habe sich die Welt auf eine Seite eingeschossen.[486]

Ein weiterer Vorwurf, den die drei Volksgruppen gemeinsam erheben, trifft das Verfahren der westlichen Beobachter. Mitunter werden diese sogar für die Ereignisse im Krieg

483 Vgl.: Popoov, Nebojša: „Die Hervorbringung des Bösen und Guten", S. 135.

484 Vgl.: Biserko, Sonja: „Erinnern an Srebrenica", S. 24ff.

485 Vgl.: ebd. S. 23ff.

486 Vgl.: Elsässer, Jürgen: „Kriegslügen", S. 45ff.

verantwortlich gemacht. Insbesondere die Muslime werfen der UNO und der NATO vor, nichts gegen die Angriffe auf sie unternommen und zu lange geschwiegen zu haben. Insbesondere die Kämpfe um Sarajewo und Srebrenica hätten schon viel eher beendet werden können, wenn sie eher eingegriffen hätten, so die Vorwürfe der muslimischen Seite. Des Weiteren werfen sie den damaligen Politikern vor, proserbisch gewesen zu sein, denn nur so lasse sich deren Verhalten erklären.[487] Generell leben die Menschen in Bosnien-Herzegowina mittlerweile miteinander, jedoch tief in ihnen herrschen fortdauernd Abneigungen. Sie suchen Ausflüchte und Rechtfertigungen, um die Vergangenheit so schnell wie möglich hinter sich zu lassen: die Schuld bei sich selbst zu suchen, gelingt nur den Wenigsten.[488]

487 Vgl.: Gebert, Konstanty: „Über die Zustimmung zum Bösen", S. 70ff.

488 Vgl.: Wieser, Angela: „Ethnische Säuberungen und Völkermord", S. 8ff.

# 4 Fazit

Der Bosnienkrieg von 1992 bis 1995 ist ein Ereignis, das mit dem Zerfall des Staatenbundes Jugoslawien direkt zusammenhing. Man könnte womöglich behaupten, er sei die Folge hieraus gewesen. Aus einem Staatenbund, in dem über Jahrzehnte hinweg Menschen unterschiedlichster Abstammung mehr oder weniger friedlich zusammenlebten, wurde in den 90er Jahren ein Ort, an dem ausschließlich Hass und Wut vorzufinden waren. Hierzu erachte ich die Aussage des bosnischen Nobelpreisträger Ivo Andrić für treffend, der einmal über das Land an sich sagte:

> „Bosnien ist das Land der Angst, das Land des Hasses. [...] Nirgendwo gibt es mehr Menschen, die aus verschiedenen Motiven und mit den verschiedensten Ausreden in den Ausbrüchen dieses unbewussten Hasses bereit sind, zu töten und sich töten zu lassen."[489]

Obwohl dieses Zitat lange vor dem Bosnienkrieg der 90er Jahre veröffentlicht wurde, lässt es sich dennoch auch auf das Land während dieses anwenden. Während des Krieges wandelten sich das Land und seine Bevölkerung völlig. Die Menschen begannen alte Vorurteile wieder aufleben zu lassen, in-

489 Ihlau, Olaf/Mayr, Walter: „Minenfeld Balkan", S. 89.

dem sie sich von bestimmten Politikern blenden ließen. Man versprach ihnen einerseits eine bessere Zukunft und zugleich wurde vor den Gefahren der jeweiligen gegnerischen Seiten gewarnt, was das Verhalten der Bevölkerung auf schleichendem Wege veränderte. Schließlich wuchs auf allen drei Seiten ein immer größer werdender Nationalismus heran, der später in der Bereitschaft gipfelte, für die eigene Volksgruppe zu morden. Die Menschen begannen, sich gegenseitig zu provozieren, zu beleidigen oder gar zu bekämpfen. Erschütternd hierbei ist jedoch hauptsächlich die Tatsache, dass es sich bei den neu verfeindeten Gruppen oft um ehemalige Freunde, Nachbarn oder Bekannte handelte, die sich teilweise von Geburt an kannten. Mir stellt sich hier die Frage, wie es dazu kommen konnte? Ist es wirklich dermaßen einfach, Personen, die sich über einen derart langen Zeitraum kennen, so weit gegeneinander aufzubringen, dass sie sich bereit zeigen, zu töten? Dies ist eine traurige Vorstellung, die ich während meiner Recherche für diese Arbeit nur schwierig fassen konnte.

Dieser Krieg diente den Menschen mitunter dazu, alte Rechnungen oder Auseinandersetzungen zu begleichen, für die es in der jugoslawischen Föderation in dieser Form keinen Platz gegeben hatte. Dennoch stellte sich mir die Frage, wie es überhaupt dazu kommen konnte? Wie ist es möglich, dass man im Stande ist, anderen Leid zuzufügen, nur weil diese nicht der gleichen Religion oder Volksgruppe angehören? Ich bin für mich zu der Erkenntnis gekommen, dass es mit einem Jahrhunderte andauernden Kampf der Religionen zusammenhängt, der sich auf dem ganzen Globus zeigt. Nicht nur in Bosnien, sondern auf der ganzen Welt kämpfen die verschiedenen Religionen gegeneinander. In diesen Kämpfen werden grausame Verbrechen begangen. Die Religion wird als Vorwand genommen, um einem Mitmenschen Leid zuzufügen, ohne dabei zu bedenken, dass dies nicht der Intention der Religion entspricht. Weshalb solche Taten mit religiösen Argumenten gerechtfertigt werden, entzieht sich daher meinem Verständnis.

Im Bosnienkrieg scheinen die jahrhundertelangen Kämpfe um die Gebietsansprüche der jeweiligen Religions- und Volksgruppen maßgeblich dazu beigetragen zu haben, dass die Menschen einen Hass in sich trugen, der in regelmäßigen Abständen immer wieder zum Vorschein kam. Durch das Tito-System wurde dieser Hass unterdrückt, indem man ein friedliches Zusammenleben oktroyierte. Nach dessen Tod brachen diese Gefühle jedoch wieder aus. Hierbei machten sich politische Führer wie Milošević, Tuđman und Izedbegović die Situation zu Nutze, um ihre persönlichen Ziele zu verwirklichen. Die Bevölkerung war hierbei lediglich Mittel zum Zweck. Die Menschen, die sich dagegen wehrten, wurden als Desarteure beschimpft, ins Gefängnis geworfen oder u. U. umgebracht. Folge war, dass hunderttausende von Menschen ihr Zuhause verloren und in andere Staaten und Länder fliehen mussten. Ich gehöre mit meiner Familie zu diesen Menschen, die aufgrund bestimmter politischer Entscheidungen dazu gezwungen wurden, die Heimat zu verlassen und in ein uns fremdes Land zu fliehen. Nicht weil wir es wollten, sondern weil wir es mussten, unternahmen wir diesen Schritt. Da mein Vater den Kriegsdienst verweigerte, drohten ihm schwerwiegende Konsequenzen, derentwegen wir das Land Hals über Kopf verlassen mussten. Heute sind wir über diese Entscheidung froh; Gedanken, wie es uns ergangen wäre, wenn wir dort geblieben wären, haben wir uns nie wirklich gemacht, da die Antwort darauf vermutlich nicht positiv ausfiele. So wie es uns geht, geht es auch tausenden anderen Familien, die nicht bereit waren, ihr Leben für etwas Falsches zu geben.

Heute werden die Ereignisse jener Zeit verdrängt, verleugnet oder relativiert. Keiner will sich mehr eingehend damit auseinandersetzten, da man sich derart auch mit dem eigenen Verhalten zu jener Zeit beschäftigen müsste. Stattdessen werden die Fehler auf den anderen Seiten gesucht und an diese gerichtete Vorwürfe erhoben. Man sucht die Schuld immer auf den anderen Seiten, und die eigenen Männer und Söhne werden als Helden gefeiert, die im Krieg das unternommen hätten, was notwendig gewesen sei. Dass hierbei auch Unschuldige ums Leben kamen, wird nicht beachtet, denn alles wird den Umständen zugeschrieben.

Es stellt sich hierbei nur die Frage, ob eine solche Situation wieder eintreffen könnte? Wäre ein erneuter Bosnienkrieg heute möglich? Ich selbst bin zu dem Entschluss gekommen, dass es jeder Zeit wieder zu kriegerischen Auseinandersetzungen in Bosnien kommen könnte. Der Frieden, der momentan vorherrscht, dauert zwar bereits einige Zeit an, dennoch sind die damals entstandenen Wunden nicht verheilt, wie sich in den jüngsten Ausschreitungen zeigt. Nach den Festnahmen des ehemaligen Generals Mladić und nach dem Freispruch Naser Orićs gingen tausende Menschen auf die Straßen, um zu demonstrieren. Es handelte sich nicht um nur friedliche Demonstrationen. Sie forderten, dass man ihren Helden freilässt. Auf anderer Seite feierte man tagelang und es wurden alte Geschichten und Vorurteile aufgeworfen, über die man wieder zu diskutieren begann.

Wenn man in eigener Person in Bosnien ist, werden die Diskrepanzen äußerst deutlich. Die drei Volksgruppen leben mitunter in einigen Gebieten des Landes nach Volkszugehörigkeit getrennt; und auch in den Städten hat jede Volksgruppe ihren eigenen Stadtteil. Die Schulen sind geteilt, Cafés oder Kinos werden nur von jeweils einer Bevölkerungsgruppe besucht.

Als ich vor zwei Jahren das dritte Mal, seit dem wir 1992 nach Deutschland geflohen waren, nach Bosnien kam, waren diese Sachverhalte für mich erschreckend. Ich hatte nicht erwartet, dass die Trennung so offensichtlich sei. Für die dort lebenden Menschen stellt dies jedoch den Normalzustand dar, an dem sie nichts Ungewöhnliches finden. Ich denke, dass es für uns, die wir in Westeuropa aufgewachsen sind, nie richtig zu verstehen sein wird, weshalb der Bosnienkrieg der 90er Jahre eben so ablief, wie er ablief, da die dort lebenden Menschen selbst keine wirklichen Gründe nennen können. Die Gefahr einer Wiederholung besteht aber dennoch, was das Schlimme an dieser Situation ausmacht.

Abschließen möchte ich nun mit Annekathrin Mroska enden, die in ihrem Buch Frauen fliehen vor dem Krieg folgenden Interviewausschnitt einer Bosnierin veröffentlichte, in dem die Situation im Bosnienkrieg, meiner Meinung nach, treffend zusammengefasst ist:

> „Der Krieg hat das zivilisierte Leben zerstört, hat ethnische Enklaven geschaffen, Gefangenenlager kollektiver Feinde, unwirkliche Inseln – die andere ausgrenzen, Gruppenvergewaltigungen, zahllose Gräueltaten, eine Zukunft ohne Antwort und er hat natürlich Schranken in unseren Köpfen errichtet, befördert von einem falschen Geschichtsverständnis, von alten kollektiven und nationalen Vorurteilen und von alten nationalen Konflikten vergangener Jahrhunderte. In der Terminologie des Krieges wurden die Unterschiede zwischen uns immer größer (Opfer und Angreifer). Wir waren durchaus empfänglich für die verbreiteten Kriegsstereotypen. Wir konnten uns nicht bewegen, konnten nicht reisen, die Telefonverbindungen wurden bereits zu Kriegsanfang gekappt, so wie die Kommunikation selbst. Wir waren mit den technischen, physischen und emotio-

nalen Grenzen konfrontiert, die in die verschiedensten Richtungen wuchsen und entstanden."[490]

490 Mroska, Annekathrin: „Frauen fliehen vor dem Krieg", S. 47.

# 5 Literaturverzeichnis


Albright, Madeleine: „Zehn Jahre danach", S. 39–42. In: Heinrich-Böll Stiftung (Hrsg.): „Srebrenica – Erinnerung für die Zukunft". Heinrich-Böll Stiftung, Berlin 2005.

Antholz, Birger (Hrsg.): „Bosnienkrieg". Krakow 1996. S. 1–138.

Berić, Gojko: „Ein Feld weißer Grabsteine", S. 29–39. In: Heinrich-Böll Stiftung (Hrsg.): „Srebrenica – Erinnerung für die Zukunft". Heinrich-Böll Stiftung, Berlin 2005.

Bežlagić, Selim: „Erinnern oder Vergessen?", S. 81–85. In: Heinrich-Böll Stiftung (Hrsg.): „Srebrenica – Erinnerung für die Zukunft". Heinrich-Böll Stiftung, Berlin 2005.

Biserko, Sonja: „Erinnerung an Srebrenica", S. 19–29. In: Heinrich-Böll Stiftung (Hrsg.): „Srebrenica – Erinnerung für die Zukunft". Heinrich-Böll Stiftung, Berlin 2005.

Bogdanović, Bogdan: „Auf beiden Seiten des Flusses Drina", S.123–127. In: Heinrich- Böll Stiftung (Hrsg.): „Srebrenica – Erinnerung für die Zukunft". Heinrich-Böll Stiftung, Berlin 2005.

Čalić, Marie-Janine: „Das Ende Jugoslawiens", S. 19–39. In: Schimmel, Kerstin (Hrsg.): „Was Frieden heißt – Nachkriegszeit in Bosnien Herzegowina". Notschriften Verlag Radebeul, Radebeul 1999.

Čalić, Marie-Janine (Hrsg.): „Krieg und Frieden in Bosnien Herzegowina". Suhrkamp Verlag, Frankfurt am Main 1996. S. 9–263.

Čolović, Ivan: „Symbolfiguren des Krieges. Zur politischen Folklore der Serben", S. 308–317. In: Melčić, Dunja (Hrsg.): „Der Jugoslawienkrieg – Handbuch zur Vorgeschichte, Verlauf und Konsequenzen". Westdeutscher Verlag GmbH, Opladen/Wiesbaden 1999.

Del Ponte, Carla: „Der ICTY: Richten und erinnern“, S. 141–157. In: Heinrich-Böll Stiftung (Hrsg.): „Srebrenica – Erinnerung für die Zukunft“. Heinrich-Böll Stiftung, Berlin 2005.

Duve, Freimut: „Srebrenica-Völkermord nach der UNO Konvention“, S. 59–62. In: Heinrich-Böll Stiftung (Hrsg.): „Srebrenica – Erinnerung für die Zukunft“. Heinrich-Böll Stiftung, Berlin 2005.

Elsässer, Jürgen (Hrsg.): „Kriegslügen. Vom Kosovokonflikt zum Milošević-Prozess“. Kai Homilius Verlag , Berlin 2004. S. 41–69.

Elsässer, Jürgen (Hrsg.): „Kriegslügen. Der Nato-Angriff auf Jugoslawien“. Kai Homilius Verlag, Berlin 2008. S. 9–180.

Gebert, Konstanty: „Über die Zustimmung zum Bösen“, S.65–73. In: Heinrich-Böll Stiftung (Hrsg.): „Srebrenica – Erinnerung für die Zukunft“. Heinrich-Böll Stiftung, Berlin 2005.

Holbrooke, Richard (Hrsg.): „Meine Mission – Vom Krieg und Frieden in Bosnien“. Piper Verlag GmbH, München 1999. S.254/578.

Hunt, Swanee: „Das erste Gedenken“, S. 73–81. In: Heinrich-Böll Stiftung (Hrsg.): „Srebrenica – Erinnerung für die Zukunft“. Heinrich-Böll Stiftung, Berlin 2005.

Husic, Sead (Hrsg.): „Psychopathologie der Macht. Die Zerstörung Jugoslawiens im Spiegel der Biografien von Milošević, Tuđman und Izedbegović“. Hans Schiller Verlag, Berlin 2007. S. 9–216.

Ihlau, Olaf/Mayr, Walter (Hrsg.): „Minenfeld Balkan – der unruhige Hinterhof Europas“. Zentrale für politische Bildung, Bonn 2009. S. 7–173.

Ilinčić, Branko (Hrsg.): „Jugoslovenska kriza i rat 1991–1995 “. Kosmos Verlag, Belgrad 2008. S. 365–690.

Jović, Borislav (Hrsg.): „Od Gazimestana do Haga – Vereme Slobodana Miloševića“. Metaphysica Verlag, Belgrad 2009. S. 8–314.

Kandić, Nataša: „Für die ganze Wahrheit über Srebrenica“, S. 119–123. In: Heinrich-Böll Stiftung (Hrsg.): „Srebrenica – Erinnerung für die Zukunft“. Heinrich-Böll Stiftung, Berlin 2005.

Kanzleiter, Boris: „Jugoslawiens multiethnische Kriegsgewinner – Paramilitarismus zwischen Krieg, Ethnisierung und kriminell-institutionellen Komplexen“, S. 99–119. In: Azzellini, Dario, Kanzleiter, Boris (Hrsg.): „Das Unternehmen Krieg. Paramilitärs, Warlords und Privatarmeen als Akteure der Neuen Kriegsordnung“. Verlag Assoziation A, Berlin-Hamburg-Göttingen 2003.

Kebo, Ozren: „Das Paradoxon von Sarajevo“, S. 300–308. In: Melčić, Dunja (Hrsg.): „Der Jugoslawienkrieg – Handbuch zur Vorgeschichte, Verlauf und Konsequenzen“. Westdeutscher Verlag GmbH, Opladen/Wiesbaden 1999.

Keulemans, Chris: „Srebrenica – ein niederländisches Trauma“, S. 42–55. In: Heinrich- Böll Stiftung (Hrsg.): „Srebrenica – Erinnerung für die Zukunft“. Heinrich-Böll Stiftung, Berlin 2005.

Koljević, Nikola (Hrsg.): „Stvaranje Republike Srpske – Dnevnik I 1993–1995“. J.P Službeni Glasnik Verlag, Belgrad 2008. S. 7–435.

Koljević, Nikola (Hrsg.): „Stvaranje Republike Srpske – Dnevnik II 1993–1995“. J.P Službeni Glasnik Verlag, Belgrad 2008. S. 140–406.

Lopušina, Marko (Hrsg.): „Komandant Arkan“. Legenda Verlag, Čačak 2001. S. 5–132.

Lopušina, Marko (Hrsg.): „Radovan Karađić – Najtraženija srpska glava“. Zograf Verlag, Niš 2002. S. 5–247.

Mroska, Annekatrin: „Frauen fliehen vor dem Krieg – Zur Situation von Flüchtlingsfrauen aus dem ehemaligen Jugoslawien“, S. 47–65. In: Schimmel, Kerstin (Hrsg.): „Was Frieden heißt – Nachkriegszeit in Bosnien Herzegowina“. Notschriften Verlag Radebeul, Radebeul 1999

Melčić, Dunja (Hrsg.): „Zwischen Pluralismus und Denkdiktat“, S. 321. In: Melčić, Dunja (Hrsg.): „Der Jugoslawienkrieg – Handbuch zur Vorgeschichte, Verlauf und Konsequenzen“. Westdeutscher Verlag GmbH, Opladen/ Wiesbaden 1999.

Malcolm, Noel (Hrsg.): „Povijest Bosne“. Erasmus Gilda Verlag, Novi Liber 1995. S. 283–309.

Naimark, Norman M. (Hrsg.): „Flammender Hass - Ethnische Säuberungen im 20. Jahrhundert“. Bundeszentrale für politische Bildung, Bonn 2009. S. 175–227.

Pavić, Aleksandar (Hrsg.): „Zabranjena istina o Srebrenici“. Legenda Verlag, Čačak 2006. S. 31–76.

Popov, Nebojša: „Die Hervorbringung des Bösen und Guten“, S.131–141. In: Heinrich- Böll Stiftung (Hrsg.): „Srebrenica – Erinnerung für die Zukunft“. Heinrich-Böll Stiftung, Berlin 2005.

Stojadinović, Ljubodrag (Hrsg.): „Ratko Mladić – Heroj ili ratni zločinac“. Evro Verlag, Belgrad 2002. S. 173–179.

Schwarz-Schilling, Christian: „Srebrenica – lessons learnt?“, S. 85–109. In: Heinrich-Böll Stiftung (Hrsg.): „Srebrenica – Erinnerung für die Zukunft“. Heinrich-Böll Stiftung, Berlin 2005.

Strohmeier, Robert (Hrsg.): „Die Ideologie der kroatischen demokratischen Gemeinschaft (HDZ) in der Ära Franjo Tuđman. Historische Determinanten und Entwicklung“. Liliana Djeković Verlag, München 2004. S. 39–169.

Vukšić, Dragan (Hrsg.): „JNA i raspad SFR Jugoslavije – od čuvara do grobara svoje države“, Tekomgraf Verlag, Stara Pazova 2006. S. 54–60.

Wieser, Angela (Hrsg.): „Ethnische Säuberungen und Völkermord – die genozidale Absicht im Bosnienkrieg von 1992–1995“. Europäischer Verlag der Wissenschaften, Frankfurt am Main 2007. S. 6–113.

Wikipedia (Hrsg.): „Bosnienkrieg: Massaker von Srebrenica, Radovan Karađić, Operation Deny Flight, Vojska Republike Srpske, Dutchbat, Alija Izedbegović“. Books LLC, 2010. S. 116.

Žanić, Ivo: „Zur Geschichte der bosnischen Mythologie“, S. 311–313. In: Melčić, Dunja (Hrsg.): „Der Jugoslawienkrieg – Handbuch zur Vorgeschichte, Verlauf und Konsequenzen“. Westdeutscher Verlag GmbH, Opladen/ Wiesbaden 1999.

Žuneć, Ozren, Kulenović, Tarek: „Die jugoslawische Volksarmee und ihre Erben. Entstehung und Aktionen der Streitkräfte 1991–1995“, S. 381–408. In: Melčić, Dunja (Hrsg.): „Der Jugoslawienkrieg – Handbuch zur Vorgeschichte, Verlauf und Konsequenzen“. Westdeutscher Verlag GmbH, Opladen/ Wiesbaden 1999. S. 301.

## Internetseiten

http://www.brcko.in/vijesti/svijet/1142-reakcije-srbijanskih-politicara-na-hapsenje-ratka-mladica.html, 03.06.2011, 08:13h

http://www.depo.ba/hronika/junacki-focaci-ponosni-sto-ih-je-u-ratu-predvodio-mladic-iz-zvornika-porucili-da-tadic-nije-dobrodosao , 21.05.2011, 15:32h

http://www.depo.ba/front/ahmetovic-smatra-kako-se-hapsenje-moglo-desiti-i-prije, 03.06.2011, 09:28h

http://www.dhm.de/lemo/html/biografien/TitoJosipBroz/index.html, 14.05.2011, 16:02h

http://www.dw-world.de/dw/article/0,,15109530,00.html. 03.06.2011, 12:16h

http://www.icty.org/x/cases/mladic/cis/en/cis_mladic_en.pdf, 29.06.2011, 22:27h

http://istina1799.blogger.ba/, 29.06.2011, 23:16h

http://islambosna.ba/tekstovi-i-knjige/genocid/24195-saff-294-reakcije-srebreniana-na-vijest-o-hapenju-ratnog-zloinca-ratka-mladia, 02.06.2011, 22:26h

http://www.najvesti.com/vesti-dana/596708-Hapsenje-Mladica-sjajan-rezultat, 02.06.2011, 20:21h

http://www.novosti.rs/vesti/naslovna/aktuelno.69.html:331971-Reakcije-na-hapsenje-Mladica, 02.06.2011, 19:54h

http://www.nezavisne.com/novosti/bih/Zbirne-reakcije-na-hapsenje-Mladica-Nova-era-u-odnosima-Srbije-i-EU-91048.html, 02.06.2011, 19:30h

http://www.okcsana.org/index.php?option=com_content&view=article&id=19555:istorijski-trenutak-reakcije-iz-svijeta-na-mladievo-uhienje&catid=43:svijet&Itemid=88,02.06.2011, 19:12h

http://www.plima.info/index.php?option=com_content&view=article&id=7637:mladi-za-srebrenicu-nisam-odgovoran-ja-nego-paravojska-i-parapolicija&catid=51:vijesti-iz-regije&Itemid=62, 02.06.2011, 18:29h

http://www.plima.info/index.php?option=com_content&view=article&id=7536:hapenje-ratka-mladia-agent-fbi-odradio-kljuni-dio-posla&catid=43:vijesti-iz-svijeta&Itemid=55, 02.06.2011, 18:23h

http://wissen.spiegel.de/wissen/image/show.html?did=13684645&aref=image017/SP1994/045/SP199404501500151.pdf&thumb=false oder „Der Spiegel (Hrsg.)": „Grenzen mit Blut gezogen" Heft 45, 1994. S. 150–151, 30.05.2011, 17:48h

http://wissen.spiegel.de/wissen/image/show.html?did=13680608&aref=image036/2006/05/11/cq-sp199300501300132.pdf&thumb=false oder „Der Spiegel (Hrsg.)": „Wir befreien nur unser Land" Heft 5, 1993. S. 130–132, 30.05.2011, 17:57h

http://wissen.spiegel.de/wissen/image/show.html?did=13501079&aref=image036/2006/05/15/cq-sp199002501650169.pdf&thumb=false oder „Der Spiegel (Hrsg.)": „Wir wollen souverän sein" Heft 25, 1990. S. 165–169, 30.05.2011, 18:03h

http://www.spiegel.de/spiegel/print/d-8870814.html oder Der Spiegel (Hrsg.)": „Soldaten, Mörder, Sieger" Heft 2, 1996. S. 116–118, 30.05.2011, 18:14h

http://wissen.spiegel.de/wissen/image/show.html?did=67036862&aref=image040/2009/09/24/ROSP200904001130116.PDF&thumb=false oder „Der Spiegel (Hrsg.)" „Feiern bis zur Festnahme" Heft 40, 2009. S.113–116, 30.05.2011, 18:26h

http://www.spiegel.de/politik/ausland/0,1518,24729,00.html, 26.06.2011, 08:23h

http://www.spiegel.de/politik/ausland/0,1518,765574,00.htm, 26.06.2011, 11:29h

http://www.srpska-mreza.com/Bosnia/Srebrenica/UN-intro.html, 12.05.2011, 11:20h http://www.tagesspiegel.de/zeitung/wer-ist-boris-tadic/1287756.html, 27.06.2011, 23:07h

http://www.voanews.com/serbian/news/bosnia-mladic-reacts-122677784.html, 02.06.2011, 20:07h

http://www.vijesti.me/svijet/u-istocnom-sarajevu-palama-zbog-hapsenja-mladica-protestuje-3–000-ljudi-clanak-21737, 02.06.2011, 23:24h

http://de.wikipedia.org/wiki/Vance-Owen-Plan, 27.06.2011, 22:56h

http://de.wikipedia.org/wiki/Slobodan_Milošević, 12.06.2011, 16:23h

http://de.wikipedia.org/wiki/Norman_Naimark, 27.06.2011, 21:46h

http://www.youtube.com/watch?v=VHZhUHv68yQ, 16.06.2011, 23:54h

http://www.24sata.info/thumbnail.php?file=news/2011/june/ratko_mladic_banja_luka_566120312.jpg&size=article_medium, 15.06.2011, 15:23h

www.ihf-hr.org, 28.06.2011, 09:12h

www.un.org/en/peacekeeping/missions/past/unprofor.htm, 28.06.2011, 09:34h

# 6 Abbildungsverzeichnis mit gesonderter Literaturangabe

Zeitfracht Medien GmbH
Ferdinand-Jühlke-Straße 7
99095 Erfurt, Deutschland
produktsicherheit@kolibri360.de